Grillen

DAS BUCH

FLEISCH + FISCH + GEMÜSE + SÜSSES + BEILAGEN + DIPS

Liebe GRILL-FANS.

zu welcher Grill-Fraktion gehören Sie? Werfen Sie nur bei bestem Wetter mal eine Bratwurst auf den Rost? Lautet Ihr Credo „Mein Grill – meine Regeln"? Oder haben Ihre Freunde Sie längst zum Grill-Meister ernannt? Die gute Nachricht ist: Ob Anfänger, Angeber oder Experte – dieses Buch ist für alle.

Hier gibt es umwerfend leckere Rezeptideen für Fisch, Fleisch, Geflügel und Gemüse. Und sogar die Desserts kommen in diesem Buch vom Rost. Für Ihren reich gedeckten Garten-Tisch haben wir viele köstliche Beilagen, Saucen, Dips und Marinaden vorbereitet.

Apropos Vorbereitung: Wir verraten Ihnen jede Menge Tipps für die richtige Grill-Ausstattung, zu verschiedenen Garmethoden und tolle Tricks für eine leichtere Zubereitung. Jetzt brauchen Sie nur noch Getränke kalt zu stellen, Freunde einzuladen und den Grill anzuwerfen.

Wir wünschen Ihnen einen langen, köstlichen Sommer und viel Spaß beim Grillen!

Inhalt

SO GEHT *Grillen*

Es ist noch kein *Grill-Meister* vom Himmel gefallen. Deshalb kommen hier die wichtigsten Infos zu Grill, Kohle, Garmethoden und Equipment

Der GRILL

Holzkohle-Griller oder Gasgrill-Chiller – welcher Typ sind Sie?
Wo sammeln Sie die meisten Kreuze in unserem Test?

Kugelgrill

○ Ich möchte größere Fleischstücke wie einen Braten indirekt garen (siehe Seite 13) und brauche deshalb einen Grill mit Deckel und Luftzufuhr.

○ Ich grille häufig für viele Gäste oder meine große Familie.

○ Ich möchte mit mehreren Hitzezonen arbeiten.

○ Ich liebe das Aroma beim Grillen mit Holzkohle.

○ Ich habe genug Platz auf meiner Terrasse.

Gasgrill

○ Ich will auch spontan grillen.

○ Ich brauche schnell starke Hitze, weil ich auch kurzfristig ein gutes Steak grillen möchte.

○ Ich grille häufig für viele Gäste oder meine große Familie.

○ Ich möchte keinen Schmutz durch die Asche.

○ Mein Grill hat einen festen und sicheren Standort.

○ Ich habe genug Platz auf meiner Terrasse.

Einfacher Kohlegrill

○ Ich brauche schnell etwas Günstiges für eine Party.

○ Der Grill soll schnell zusammen- und auseinandergebaut werden können.

○ Ich habe wenig Platz.

○ Ich liebe das Aroma beim Grillen mit Holzkohle.

Elektrogrill

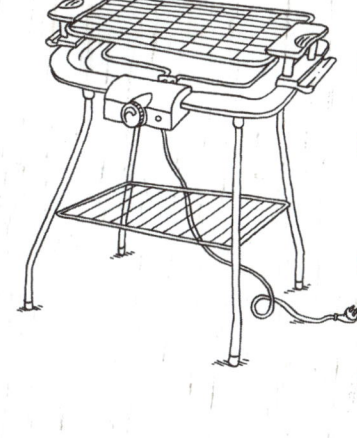

○ Auf meinem Balkon ist offenes Feuer verboten.

○ Ich möchte keinen Rauch.

○ Ich will auch spontan grillen können.

○ Ich grille nur für 2 bis 3 Personen und kleinere Portionen.

○ Ich grille nur kleines Grillgut mit direkter Hitze (siehe Seite 12).

Transportabler Grill

○ Mein Grill ist überall dabei: im Park, im Urlaub, auf der Kanutour ...

○ Ich habe wenig Platz.

○ Ich liebe das Aroma beim Grillen mit Holzkohle.

○ Ich möchte auch unterwegs stilvoll und indirekt grillen (siehe Seite 13).

○ Ich möchte Müll vermeiden und kaufe deshalb keine Einweggrills.

DIE *Kohle*

Grillbriketts, Holzkohle oder Holz? Jedes Brennmaterial hat andere Stärken.
Diese heißen Tipps befeuern jede Grill-Leidenschaft

Briketts

Grillbriketts bestehen aus gepresster Holzkohle. Sie brauchen länger als Holzkohle, bis sie die Weißglut erreichen. Am besten verwenden Sie einen Anzündkamin. Briketts lassen sich leichter dosieren als Holzkohle, gut im Grill verteilen und haben eine lange Brenndauer. Bei langen Garzeiten wie beim indirekten Grillen ist das ein Vorteil.

Holzkohle

Sie wird aus Holz hergestellt, indem es unter Luftabschluss in Meilern erhitzt wird. Sie glüht schnell durch, entwickelt wenig Rauch und erreicht sehr hohe Temperaturen. Dafür brennt sie schneller durch und es muss eher Kohle nachgelegt werden.

Holz

Ein Holzfeuer ist die ursprünglichste Form des Grillens. Es dauert aber sehr lange, bis ausreichend Glut und Hitze entstehen. Holz kann auch in Form von eingeweichten Chips (ohne Rinde) zum Aromatisieren zugegeben werden. Geeignete Hölzer sind z. B. Buche, Eiche, Birke oder Obsthölzer.

RICHTIG EINHEIZEN

Verwenden Sie nur ausgewiesene Grillanzünder und keinen Spiritus oder andere brennende Flüssigkeiten zum Anzünden der Kohle. Bei festen Grillanzündern legen Sie drei bis vier Stücke auf den Kohlerost. Häufen Sie die Kohle darüber auf und zünden sie die Anzünder mit einem Stabfeuerzeug an. Öffnen Sie die Lüftungsschlitze des Grills, damit das Feuer Luft bekommt. Flüssigen Anzünder geben Sie über den Kohlehaufen, bevor Sie ihn entzünden. Niemals flüssigen Anzünder über brennende oder glühende Kohlen gießen. Ist die Kohle durchgeglüht, verteilen Sie sie mit einer Metallschaufel oder -zange. Schneller geht es mit einem Anzündkamin – einem runden Metallzylinder mit Löchern im Boden. Darin glüht die Kohle viel schneller durch. Stellen Sie den Kamin dafür auf den Rost oder auf einen Stein- oder Sandboden und entzünden Sie unter dem Kamin einige Grillanzünder. Ist die Kohle durchgeglüht, schütten Sie sie vorsichtig in den Grill.

DIE ZEIT IM BLICK

Ein Grill ist kein Elektroherd. Die entstehende Hitze hängt hier sehr stark vom jeweiligen Grill, der verwendeten Kohle und der Brenndauer ab. Deshalb können die Garzeiten variieren. Wir haben alle in diesem Buch angegebenen Zeiten sorgfältig in einem mit Holzkohlebriketts befeuerten Kugelgrill für Sie ermittelt. Trotzdem kann es Abweichungen geben. Deshalb lieber den Garprozess im Auge behalten. Beachten Sie bei anderen Grillmodellen auch die Herstellerinformationen zu den jeweiligen Garzeiten.

NOCH EINE SCHIPPE DRAUFLEGEN

Spätestens nach einer Stunde Brenndauer sollten Sie Briketts nachlegen, da die Hitze sonst zu stark nachlässt. Manche Grillroste lassen sich dafür an den Seiten hochklappen. Sie können so nach und nach Kohle oder Briketts nachlegen, die dann langsam durchglühen. Dabei bleiben Rost und Grillgut auf dem Grill und der Garprozess wird nicht unterbrochen. Schneller geht es, wenn Sie parallel in einem Anzündkamin neue Kohle durchglühen lassen. Aber Achtung: Beim Umschütten in den Grill fliegt Asche auf, die sich dann auf das Grillgut legt. Deshalb sollten Rost und Fleisch vorher kurz vom Grill genommen werden. Auch beim Öffnen des Deckels fliegt Asche auf, wenn das zu schnell passiert. Deshalb lupft der Profi erst einen kleinen Spalt, bevor er den Deckel vollständig abhebt.

WIE HEISS IST HEISS?

In Rezepten ist oft von starker, mittlerer und niedriger Hitze die Rede. Was heißt das? Ganz einfach: „Stark" bedeutet 250–290 Grad, „mittel" 180–230 Grad und „niedrig" 120–170 Grad. Wer kein Thermometer im Deckel hat, kann ein Backofenthermometer in den Grill legen oder den Handtest machen: Halten Sie die Hand ungefähr 10 Zentimeter über den Grill. Nach wie vielen Sekunden müssen Sie die Hand wegziehen? 4 Sekunden (starke Hitze), 7 Sekunden (mittlere Hitze), 10 Sekunden (niedrige Hitze).

NACH DEM GRILLEN IST VOR DEM GRILLEN

Den Rost reinigen Sie bei einem Kugelgrill am besten, indem Sie ihn bei geschlossenem Deckel erhitzen und dann mit der Stahlbürste abbürsten. Fertig! Restliche Kohle lassen Sie nach dem Grillen einfach bei geöffneter Lüftung verglühen und erkalten, bevor Sie sie entsorgen.

GAR-
methoden

Unterm Deckel oder open air ist nicht nur eine Frage des Geschmacks,
sondern auch der Zubereitung. Hier die beiden wichtigsten Garmethoden im Überblick

Direktes Grillen

Das ist die bekannteste Garmethode auf einem Grill: Über
einem gleichmäßigen Kohlebett wird kleineres Grillgut
mit kurzer Garzeit wie Nackensteaks, Würste, Fisch oder
Gemüse bei starker Hitze direkt über der Glut gegart.

BESONDERS GEEIGNET FÜR ...

Burger, Rinderspieße, Steak, Saté-Spieße, Würstchen,
Schweinefilet, Lammkoteletts, Chickenwings, Hähnchen-
spieße, Fischfilets, Thunfischspieße, Thunfischsteaks, ganze
Doraden, Steckerlfisch, Calamari, Garnelen, Wassermelonen,
gefüllte Äpfel, Ananas-Spieße, Feigen, Pfirsiche ...

**AN DIESEM SYMBOL ERKENNEN SIE IM BUCH
GERICHTE, DIE DIREKT GEGRILLT WERDEN.**

Ordnung muss sein

Der Glutring

Runde Fleischteile, wie ein ganzes Hähnchen, garen hier indirekt in der Mitte des Glutrings.

Der Halbmond

Zwei in einem: Links wird scharf angegrillt und rechts langsam weitergegart. Auf der rechten Seite ist Platz für eine Tropfschale.

Die Gasse

Längliche Stücke wie ein Schweinenacken garen indirekt in der Mitte. Hier steht die Tropfschale in der Mitte.

Das Glutauge

In der Mitte wird scharf angegrillt, am Rand gart kleineres Grillgut indirekt weiter oder wird warm gehalten. Eignet sich z. B., um Würstchen noch mal aufzuwärmen.

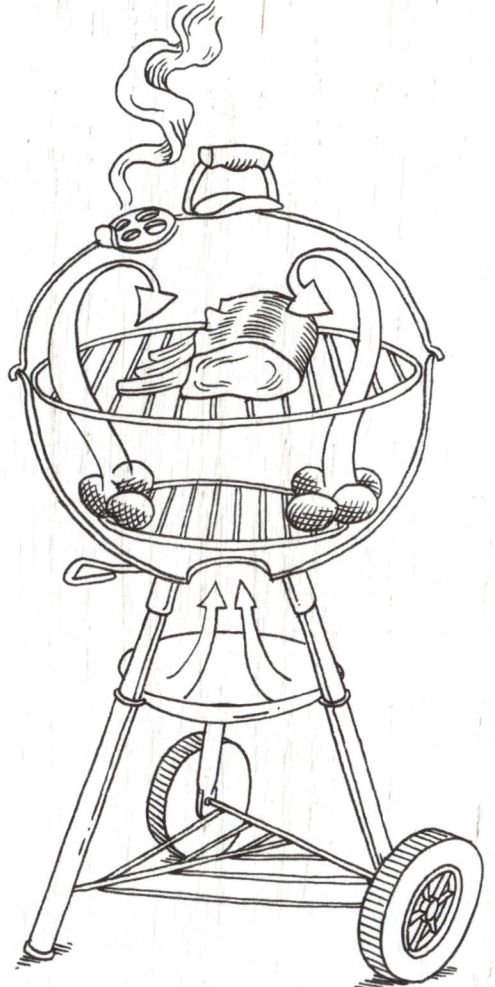

Indirektes Grillen

Bei dieser Garmethode liegt das Grillgut neben der Glut (Anordnung der Glut siehe oben). Unter dem Fleisch liegt dabei meist eine Tropfschale mit Wasser. Wenn Sie den Deckel auflegen und die Luftzufuhr öffnen, gart das Fleisch im heißen Luftstrom. Das Grillgut bleibt dabei besonders saftig und nimmt das Grillaroma besonders gut an. Dabei tropft kein Fett in die Glut und Fleisch, Fisch und Gemüse brennen nicht so schnell an.

BESONDERS GEEIGNET FÜR ...

Rinderbeinscheiben, Rinderfilet, Hochrippe, Roastbeef, Tafelspitz, Entrecôte, Kotelettstrang am Stück, Krustenbraten, Schweineschulter, Spareribs, ganze Schweinelende, Schweinerücken, Schweinenacken am Stück, Lammkeule, Lammkarree, Lammrücken, Hähnchenbrust, ganzes Hähnchen, Hähnchenkeulen, Entenbrust, ganze Lachsseite, Auberginen, gefüllte Paprika, Kürbisspalten ...

AN DIESEM SYMBOL ERKENNEN SIE IM BUCH GERICHTE, DIE INDIREKT GEGRILLT WERDEN.

Das EQUIPMENT

FISCHZANGE FÜR GANZE FISCHE, ABER AUCH FÜR GEMÜSE GEEIGNET

HITZEBESTÄNDIGE GRILLZANGE ZUM WENDEN DES GRILLGUTS

LANGE STREICHHÖLZER ODER EIN STABFEUERZEUG ZUM ENTZÜNDEN DER GRILLANZÜNDER ZWISCHEN DEN KOHLEN ODER IM ANZÜNDKAMIN

HANDSCHUHE ZUM SCHUTZ VOR SCHMUTZ UND HITZE

EINE METALLSCHAUFEL ZUM VERTEILEN DER BRENNENDEN KOHLEN AUF DEM GRILL

SCHARFE HANDREIBE ZUM REIBEN VON ZITRONEN, LIMETTEN ODER HARTKÄSE

WIEDERVERWENDBARE UND HITZEFESTE METALL-SPIESSE FÜR SCHASCHLIK ODER SATÉ-SPIESSE

EIN KOCHMESSER ZUM SCHNEIDEN VON GEMÜSE UND HACKEN VON KRÄUTERN

EIN FLEISCH-THERMOMETER ZUR KONTROLLE DER KERNTEMPERATUR BEI STEAKS UND BRATEN

EIN FILETIERMESSER ZUM ZERLEGEN VON FISCH ODER ZUM ENTBEINEN VON FLEISCH

GEMÜSEMESSER ZUM PUTZEN UND ZERKLEINERN VON OBST UND GEMÜSE

EIN SILIKONPINSEL ZUM BESTREICHEN DES GRILLGUTS MIT MARINADE

DIE FLEISCHGABEL ZUM WENDEN VON GROSSEM GRILLGUT. ABER ACHTUNG: WÄHREND DES GRILLENS NICHT INS FLEISCH PIEKSEN, DAMIT DER SAFT NICHT AUSLÄUFT!

FLEISCH

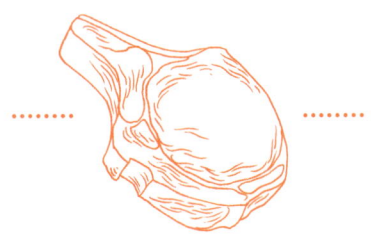

Sie sind die *Königsdisziplin* des Grillens: rosa Steaks, aromatische Braten und saftige Burger. Hier kommen köstliche Rezepte mit Rind, Schwein, Lamm und Geflügel. Dazu viele Marinaden und jede Menge Beilagen

Das Rind

Wer will ein Steak? Natürlich alle! Aber von welchem Stück soll es sein?
Da gibt es feine Unterschiede. Eine schöne Fettmarmorierung ist in jedem Fall gut.
Dann bleiben Steaks und Braten schön saftig

Steaks auf den Punkt gegart

Nehmen Sie das Fleisch eine halbe Stunde vorher aus dem Kühlschrank. Grillen Sie Steaks von beiden Seiten über starker Hitze bei geschlossenem Deckel. Den Garpunkt bestimmen Sie am sichersten mit einem Fleischthermometer. Vor dem Servieren mindestens drei Minuten ruhen lassen, damit sich der Fleischsaft wieder verteilt. Die richtigen Kerntemperaturen:

RARE (BLUTIG)
Kerntemperatur 49–52 Grad

MEDIUM RARE (ROSAROT)
Kerntemperatur 52–57 Grad

MEDIUM (HALB DURCH)
Kerntemperatur 57–63 Grad

WELL DONE (DURCH)
Kerntemperatur mind. 68 Grad

1 Hüftsteak

Das mit feinen Fettadern durchsetzte Fleisch des Hüftsteaks hat eine besonders lockere Faserstruktur. Es wird meist in zwei bis drei Zentimeter dicke Scheiben von 150 bis 250 Gramm geschnitten.

2 Rumpsteak

Sie werden aus der Mitte des Roastbeefs geschnitten und haben keinen Knochen. Typisch ist ihr dünner Fettrand, der das Fleisch auf dem Grill vor dem Austrocknen schützt. In den USA heißt es „Striploin" oder „New York Strip".

3 T-Bone- und Porterhouse-Steak

T-Bone-Steaks werden aus dem vorderen Teil, Porterhouse-Steaks aus dem hinteren Teil des Roastbeefs geschnitten. Beide haben einen T-förmigen Knochen. Sie sind gut marmoriert und werden in der Regel drei bis vier Zentimeter dick geschnitten.

4 Entrecôte/ Rib-Eye

Das Entrecôte (französisch für „zwischen den Rippen") stammt aus dem hinteren Teil der Hochrippe des Rinds. Es wird wegen seines charakteristischen Fettkerns in der Mitte auch „Rib-Eye" genannt. Entrecôtes sind immer ohne Knochen und haben im Vergleich zum Rinderfilet eine deutlich stärkere Marmorierung.

5 Filet und Filetsteak

Es befindet sich unterhalb des Roastbeefs und ist sehr mager. Filets können quer zur Faser gut in Tournedos oder Steaks geschnitten und gegrillt werden. Es ist sehr fein, mit wenig Fett marmoriert und daher sehr zart. Filets aus dem Mittelstück heißen Chateaubriands.

6 Beinscheibe

Die gut durchwachsene Beinscheibe, die gern als Grundlage für Suppen genommen wird und vom Kalb die Basis des italienischen Klassikers Ossobuco bildet, ist zwar kein typisches Grillfleisch, dafür aber ein richtig köstliches.

ROASTBEEF

MIT KRÄUTERÖL UND AUBERGINENSALAT

ZUTATEN

1,7 kg Roastbeef
1 TL Koriandersamen
3 TL schwarze Pfeffer-
körner
3 TL Meersalz
Öl zum Einölen

Kräuteröl

2 Zweige Rosmarin
2 Zweige Thymian
2 EL gehackter Estragon
1 EL gehackter Salbei
4–5 EL Olivenöl

Auberginensalat

3 Auberginen
3 Tomaten
6 grüne Oliven
6 schwarze Oliven
2 Zehen gehackter
Knoblauch
1 TL Paprikapulver
1 TL Salzkapern
Salz, Pfeffer
3 EL Balsamico-Essig
2–3 EL Olivenöl
8 Blätter Basilikum

PERSONEN
6
VOR-
BEREITUNG
90 Min.
GRILLZEIT
50 Min.

ZUBEREITUNG

Koriandersamen, Pfefferkörner und Meersalz im
Mörser zerstoßen. Das Fleisch waschen, trocken tupfen
und von allen Seiten würzen.

Das Roastbeef indirekt für ca. 50 Minuten bei ca. 160
Grad geschlossen grillen. Zwischendurch immer
wieder wenden. Das Roastbeef ist fertig, wenn die
Kerntemperatur 55 (rosa) bis 60 Grad (etwas mehr
durch) beträgt.

Inzwischen die Auberginen waschen und in Scheiben
schneiden. Tomaten halbieren. Beides würzen, etwas
einölen und 10 Minuten bei mittlerer Hitze gleichmäßig von beiden Seiten grillen.

Anschließend die Tomaten grob hacken und mit den
Auberginenscheiben mischen. Knoblauch und Oliven
klein schneiden und zugeben. Danach die restlichen
Zutaten hinzufügen, würzen und alles gut miteinander vermengen.

Den Salat 10 Minuten ziehen lassen und anschließend
eventuell nochmals abschmecken.

Kurz bevor das Fleisch fertig ist, die Kräuter fein
hacken, mit dem Olivenöl vermischen und das Roastbeef noch auf dem Grill damit bepinseln. An die Seite
legen und ca. 8–10 Minuten ruhen lassen.

BEEF-BURGER

mit Tomaten, Zwiebeln und Speckchips

ZUTATEN

1 großes Burgerbrötchen

200 g Rinderhack

Salz, Pfeffer

3 Scheiben Tomaten

3 Scheiben rote Zwiebel

2 Scheiben roher Schinken

3 Blätter Mini-Romana-Salat

2 EL Olivenöl

1 Eigelb

Öl zum Einölen

Burgersauce

30 g Ketchup

10 g Mayo

10 g Joghurt

Salz, Pfeffer

1 EL Essig

1/2 TL Cayennepfeffer

Saft von 1/2 Limette

PERSONEN
1

VOR-
BEREITUNG
30 Min.

GRILLZEIT
15 Min.

ZUBEREITUNG

Alle Zutaten für die Burgersauce gut miteinander vermischen.

Das Rinderhack mit Salz und Pfeffer würzen. Eigelb und Olivenöl zugeben und alles gut durchkneten. Probieren und eventuell nachwürzen. Aus der Hackfleischmasse einen Burgerpatty formen. Mit dem Daumen in die Mitte eine Mulde drücken, damit der Burger beim Grillen schön flach bleibt. Anschließend direkt bei mittlerer Hitze 6–8 Minuten von jeder Seite grillen.

Tomaten und Zwiebeln mit Salz und Pfeffer würzen, etwas einölen und 2–3 Minuten von jeder Seite mitgrillen.

Den Schinken kurz auf den heißen Grill legen, bis er von beiden Seiten knusprig ist. Burgerbrötchen ebenfalls knusprig angrillen.

Den Mini-Romana-Salat waschen und putzen.

Dann aus allen Zutaten zusammen mit der Burgersauce einen saftigen Burger bauen.

Beinscheiben
MIT BBQ-RUB

HIERZU PASST
DER ARTISCHOCKEN-
SALAT MIT
GEGRILLTEN
TOMATEN VON SEITE
175. SIE KÖNNEN DIE
BEINSCHEIBEN GUT
VORBEREITEN
(ANGRILLEN UND
SCHMOREN) UND ZU
ENDE GRILLEN, WENN
DIE GÄSTE DA SIND

PERSONEN
6

VOR-
BEREITUNG
2,5 Std.

GRILLZEIT
90 Min.

ZUTATEN

6 Rinderbeinscheiben

3 Zwiebeln

3 Stangen Bleichsellerie

3 Tomaten

1 EL Tomatenmark

Salz, Pfeffer

500 ml Rotwein

ca. 1 l Gemüsebrühe

2 Knoblauchzehen

etwas Pflanzenöl

2 Zweige Rosmarin

2 Zweige Thymian

BBQ-Rub

20 g brauner Zucker

5 EL Paprikapulver

2 EL schwarzer Pfeffer

3 EL Meersalz

2 TL Selleriesamen

1 TL Cayennepfeffer

1 TL Currypulver

2 TL Zwiebelflocken

2 TL Chiliflocken

ZUBEREITUNG

Alle Zutaten für den BBQ-Rub gut miteinander vermengen. Die Beinscheiben waschen und trocken tupfen. An der Seite zwei- bis dreimal einschneiden und gleichmäßig mit dem BBQ-Rub einreiben. Anschließend indirekt und geschlossen für 1 Stunde bei ca. 160 Grad grillen.

In der Zwischenzeit Zwiebeln schälen, Sellerie putzen und waschen und die Tomaten halbieren und vierteln.

Zwiebeln und den Sellerie in haselnussgroße Stücke schneiden und in einem großen Topf mit Öl anbraten. Tomatenmark und Knoblauch hinzugeben und alles gut umrühren. Salzen, pfeffern und mit Rotwein ablöschen. Alles einmal aufkochen lassen.

Die Beinscheiben nach einer Stunde vom Grill nehmen, in den Topf mit dem Schmoransatz legen, diesen mit Gemüsebrühe auffüllen und Rosmarin und Thymian dazugeben. Die Beinscheiben sollen gut mit Flüssigkeit bedeckt sein.

Das Ganze abgedeckt im Ofen für ca. 1 1/2 Stunden leicht schmoren lassen.

Nach Ablauf der Garzeit die Beinscheiben wieder aus dem Topf herausnehmen, abtropfen lassen und noch einmal für ca. 1/2 Stunde auf den Grill legen, damit sie ein schönes Grillaroma bekommen. Den Schmoransatz passieren, etwas einkochen lassen und zusammen mit dem Artischockensalat und den Grilltomaten zur Beinscheibe servieren.

GANZES MARINIERTES
RINDERFILET
MIT KIMCHI-SALAT

ZUTATEN

1,2 kg Rinderfilet

Marinade

2 Knoblauchzehen

1 EL Kreuzkümmel

1 EL Fenchelsamen

2 TL Koriandersamen

1 TL Meersalz

1 TL schwarzer Pfeffer

100 ml Olivenöl

Kimchi-Salat

1 kleiner Kopf Spitzkohl

2 rote Zwiebeln

3 EL Olivenöl

1 gehackte Chilischote

Saft von 1 Limette

2 EL Sojasauce

2 EL Fischsauce

10 g fermentierte
schwarze Bohnen

2 EL Olivenöl

2 EL schwarzer Essig

2 EL gehackter Koriander

1 EL gestoßene
Koriandersamen

ZUBEREITUNG

Für die Marinade die Gewürze im Mörser zerstoßen
und mit dem Olivenöl vermischen.

Das Rinderfilet waschen, trocken tupfen und 2–3 Stunden
in der Marinade einlegen.

Das Fleisch bei ca. 160 Grad für 45–50 Minuten indirekt
und geschlossen grillen. Zwischendurch mehrmals
wenden. Das fertige Filet an die Seite legen und für
10 Minuten ruhen lassen.

Inzwischen den Kimchi-Salat zubereiten. Dafür den
Strunk vom Spitzkohl vorsichtig herausschneiden und
die Blätter nach und nach abziehen. Die Zwiebeln
schälen und in Ringe schneiden. Beides mit Olivenöl
einölen und bei mittlerer Hitze grillen, bis sie Farbe
angenommen haben. Die restlichen Zutaten miteinander verrühren. Kohl und Zwiebeln vom Grill nehmen
und mit der Kimchi-Sauce vermengen.

GEGEN ENDE DER GRILLZEIT DIE
KERNTEMPERATUR MIT DEM FLEISCH-
THERMOMETER KONTROLLIEREN. BEI
55 GRAD IST ES INNEN NOCH ROSA

PERSONEN
6

VOR-
BEREITUNG
90 Min.

GRILLZEIT
50 Min.

Hochrippe

IM GANZEN MIT CHIMICHURRI-SAUCE UND

Crunchy Potatoes

ZUTATEN

2 kg Hochrippe

Rub

20 g brauner Zucker

5 EL Paprikapulver

2 EL schwarzer Pfeffer

3 EL Meersalz

2 TL Selleriesamen

1 TL Cayennepfeffer

1 TL Currypulver

2 TL Zwiebelflocken

2 TL Chiliflocken

Chimichurri-Sauce

2 kleine Bund Petersilie

2 kleine Bund Basilikum

2 TL Paprikapulver

1 TL Salz

1 TL Chiliflocken

1 TL getrockneter Oregano

1 TL Knoblauchflocken

100 ml Olivenöl

1 EL Essig

1 TL Kreuzkümmel

Crunchy Potatoes

500 g Kartoffeln

2 TL Fenchelsamen

1 TL Salz

etwas Öl

PERSONEN 6

VOR-BEREITUNG 2 Std.

GRILLZEIT 70 Min.

ZUBEREITUNG

Alle Zutaten für den Rub gut miteinander vermengen.

Alle Zutaten für die Chimichurri-Sauce mit einem Stabmixer pürieren.

Die Kartoffeln waschen und mit der Schale kochen. Kurz auskühlen lassen und anschließend halbieren, leicht einölen, mit Salz und Fenchelsamen würzen.

Die Hochrippe waschen und trocken tupfen, gleichmäßig mit dem Rub einreiben und anschließend bei ca. 160 Grad für 1 Stunde und 10 Minuten indirekt und geschlossen grillen. Zwischendurch einige Male wenden.

Die fertige Hochrippe anschließend 15 Minuten an der Seite ruhen lassen. Die Kerntemperatur sollte 50–60 Grad betragen. Mit dem Fleischthermometer messen.

Inzwischen die Kartoffeln zuerst auf der Schnittfläche kurz angrillen. Dann auf die Hautseite drehen und 15 Minuten bei ca. 160 Grad indirekt und mit geschlossenem Deckel fertig grillen.

Tafelspitz VOM GRILL

mit Pfefferkruste, Meerrettich-Dip und Süßkartoffeln

BEIM TAFELSPITZ VERLÄUFT DIE FASER NICHT GERADE DURCH DAS FLEISCHSTÜCK. DAMIT DAS SCHÖN ZART BLEIBT, IMMER QUER ZUR FASER AUFSCHNEIDEN UND ES DABEI LEICHT DREHEN

PERSONEN
4–6

VORBEREITUNG
30 Min.

GRILLZEIT
3 Std.

ZUTATEN

2,5 kg Tafelspitz

5 EL Kürbiskernöl

500–600 g Süßkartoffeln

etwas Öl

Salz, Pfeffer

Pfeffermischung

3 EL roter Pfeffer

1 TL Szechuanpfeffer

6 Wacholderbeeren

2 TL Meersalz

2 EL schwarzer Pfeffer

Meerrettich-Dip

1/2 geriebener Apfel

250 g Joghurt

150 g Schmand

Salz, Pfeffer

Saft von 1 Zitrone

1 EL Zucker

30 g geriebener, frischer Meerrettich

2 EL gehackte Petersilie

1 EL Apfelessig

2 EL Olivenöl

ZUBEREITUNG

Alle Zutaten für den Meerrettich-Dip miteinander vermengen und kurz ziehen lassen.

Zutaten für die Pfeffermischung im Mörser zerstoßen.

Tafelspitz waschen, trocken tupfen und die Fettseite kreuzweise einschneiden. Die Pfeffermischung gleichmäßig darauf verteilen und andrücken.

Anschließend den Tafelspitz etwas einölen und mit der Fettseite zuerst kurz angrillen. Dann bei ca. 150–160 Grad ca. 3 Stunden indirekt und geschlossen grillen. Zwischendurch mehrmals wenden. Wenn das Fleisch zu dunkel wird, in Alufolie einschlagen und weitergaren.

Kurz vor dem Ende der Garzeit des Tafelspitzes die Süßkartoffeln waschen, in Spalten schneiden, würzen, leicht einölen und dann direkt bei mittlerer Hitze von allen Seiten ca. 4–5 Minuten knusprig grillen.

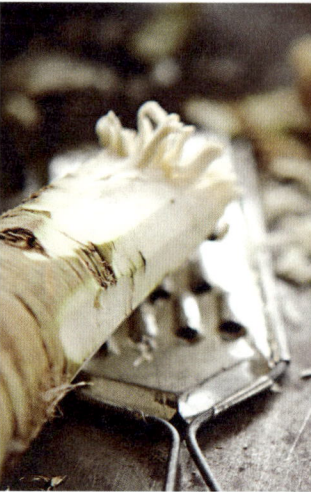

TERIYAKI-
RINDERSPIESSE
MIT ROTEN ZWIEBELN
UND PANCETTA-FRÜHLINGSLAUCH

PERSONEN
6

VOR-BEREITUNG
45 Min.

GRILLZEIT
10 Min.

ZUBEREITUNG

Alle Gewürze für die Teriyaki-Marinade im Mörser zerstoßen und anschließend mit der Teriyaki-Sauce mischen. Kurz ziehen lassen.

Das Rinderfilet waschen, trocken tupfen und in lange, dünne Streifen schneiden. Wellenförmig auf die Spieße stecken. Ca. 140 g Rinderfilet pro Spieß. Die Spieße 1 Stunde in der Teriyaki-Marinade marinieren.

Inzwischen den Frühlingslauch waschen, putzen, je 2 Stangen Frühlingslauch mit einer Scheibe Pancetta umwickeln und für ein paar Minuten von allen Seiten angrillen. Vom Grill nehmen und kurz erkalten lassen.

Die Rindfleischspieße direkt ca. 5 Minuten von beiden Seiten grillen und kurz vor dem Ende der Garzeit nochmals mit der Sauce einpinseln, damit sie schön saftig serviert werden.

Jetzt die Lauchbündel noch einmal für ein paar Minuten grillen, bis der Pancetta von allen Seiten knusprig ist. Knoblauchscheiben ebenfalls kurz angrillen.

Die Lauchbündel zusammen mit den Knoblauchscheiben würzen, mit Olivenöl und dem Zitronensaft mischen und zu den fertigen Spießen servieren.

ZUTATEN

850 g Rinderfilet
6 Metallspieße
12 Stangen Frühlingslauch
6 Scheiben Pancetta
Salz, Pfeffer
Saft von 1 Zitrone
2 EL Olivenöl
3 Scheiben einer jungen Knoblauchknolle

Teriyaki-Marinade
150 ml Teriyaki-Sauce
1 TL Chiliflocken
1 TL Kreuzkümmel
1 TL Fenchelsamen
1 TL Koriandersamen
1 TL schwarzer Sesam
1/2 TL Meersalz

WENN SIE HOLZ-
SPIESSE NEHMEN,
WEICHEN SIE SIE
VORHER IN WASSER
EIN, DAMIT SIE NICHT
VERBRENNEN UND SICH
LEICHTER AUS DEM
GEGRILLTEN FLEISCH
ZIEHEN LASSEN

Rumpsteak
MIT ESPRESSO-CHILI-MARINADE UND
Fenchel-Limetten-Salat

DER FENCHELSALAT
SCHMECKT KNACKIG
AM BESTEN.
BEGINNEN SIE ALSO
NICHT ZU FRÜH
MIT DER ZUBEREITUNG

PERSONEN
6
VOR-
BEREITUNG
30 Min.

GRILLZEIT
10 Min.

ZUTATEN

6 Rumpsteaks à 200 g

Espresso-Chili-Marinade

3 EL Espresso-Bohnen

2 TL Meersalz

2 gehackte Chilischoten

1 TL schwarze
Pfefferkörner

7 EL Olivenöl

Fenchel-Limetten-Salat

2 frische Fenchelknollen

4 Bio-Limetten

2 Zweige Dill

4 EL Olivenöl

2 EL Apfelessig

1 EL Fenchelsamen

Salz, Pfeffer

1 TL roter Pfeffer

2 l Eiswasser

ZUBEREITUNG

Fenchel auf einer Küchenreibe in feine Scheiben hobeln. Die Fenchelscheiben ca. 20 Minuten in Eiswasser einlegen.

Mit einem Messer die Limettenhaut von 2 Limetten abschneiden und die Limetten filetieren. Schale aufheben und in feine Streifen schneiden. Die beiden übrigen Limetten auspressen.

Den Fenchel abgießen und in eine Schüssel geben. Limettenfilets, Schale und Saft hinzufügen und alles gut miteinander vermengen. Mit Salz und Pfeffer würzen, Fenchelsamen und roten Pfeffer zugeben. Dill zupfen und hacken, dann mit dem Olivenöl und dem Essig zum Fenchel geben und alles miteinander marinieren.

Espressobohnen und Gewürze im Mörser zerstoßen, mit dem Olivenöl mischen und kurz ziehen lassen.

Die Steaks waschen, trocken tupfen und 30 Minuten in der Espresso-Chili-Marinade einlegen. Dann direkt ca. 5 Minuten grillen, dabei wenden. Anschließend Steaks an der Seite des Grills 3–5 Minuten ruhen lassen.

RIB-EYE-

3 X ANDERS

MIT:
CAJUN-RUB,
FIVE-SPICES +
WACHOLDER-
SAKE-MARINADE

PERSONEN
6

VOR-
BEREITUNG
20 Min.

GRILLZEIT
10 Min.

ZUTATEN

6 Rib-Eye-Steaks à 200 g
etwas Öl zum Einölen

Cajun-Rub

3 EL grobes Salz

3 EL Paprika, edelsüß

1 TL Knoblauchflocken

1 EL frischer gehackter
Thymian

1 TL schwarzer Pfeffer

1 TL Cayennepfeffer

1 TL Koriandersamen

1 TL gemahlene Lorbeer-
blätter

1 TL getrockneter Oregano

1 TL Kreuzkümmel

1 getrocknete Chilischote

Five-Spices-Mischung

2 Stk. Sternanis

1 EL Fenchelsamen

1 EL schwarze Pfefferkörner

2 EL Szechuanpfeffer

3 Gewürznelken

1 TL Zimtpulver

Wacholder-Sake-Marinade

6 Wacholderbeeren

1 TL Koriandersamen

1 TL Meersalz

1 TL schwarzer Pfeffer

8 EL Sake

1 EL Sojasauce

1 EL Honig

2 EL Olivenöl

ZUBEREITUNG

Für den Cajun-Rub zunächst Salz, Koriandersamen, schwarzen Pfeffer und Kreuzkümmel im Mörser zerstoßen und dann mit den restlichen Gewürzen mischen.

Alle Zutaten für die Five-Spices-Mischung im Mörser fein zerstoßen.

Für die Wacholder-Sake-Marinade Wacholderbeeren, Koriandersamen, Meersalz und den schwarzen Pfeffer im Mörser zerstoßen, anschließend mit den restlichen Zutaten vermengen und 1/2 Stunde ziehen lassen.

Fleisch waschen und trocken tupfen. Zwei Steaks 1 Stunde lang in der Wacholder-Sake-Marinade einlegen. Zwei weitere mit der Five-Spices-Mischung und die restlichen Steaks mit dem Cajun-Rub einreiben und mit etwas Öl bepinseln. Die Steaks gemeinsam 4–5 Minuten direkt grillen und zwischendurch wenden. Am Rand des Grills vor dem Servieren ca. 3–5 Minuten ruhen lassen.

WACHOLDER-
SAKE

FIVE-
SPICES

CAJUN-
RUB

Cheese-and STEAK-Burger

CHEDDAR KANN JA JEDER! SCHON MAL BERGKÄSE, BRIE ODER ROQUEFORT PROBIERT?

ZUTATEN

1 Burgerbrötchen

1 Scheibe Cheddarkäse

1 kleine rote Zwiebel

1 TL brauner Zucker

3 Blätter Romana-Salatherzen

1 Hüftsteak (ca. 130 g)

Salz, Pfeffer

etwas Öl für die Steaks

1 EL Essig

1 EL Olivenöl

Burgersauce

30 g Ketchup

10 g Mayo

10 g Joghurt

Salz, Pfeffer

1 EL Essig

1/2 TL Cayennepfeffer

Saft von 1/2 Limette

ZUBEREITUNG

Alle Zutaten für die Burgersauce gut miteinander vermengen.

Die Zwiebel in Scheiben schneiden, bei mittlerer Hitze von beiden Seiten 2–3 Minuten grillen und anschließend auf dem Rost mit braunem Zucker bestreuen. Noch einmal kurz umdrehen. Vom Grill nehmen und mit Essig und Olivenöl marinieren.

Die Steaks waschen und trocken tupfen. Anschließend würzen, einölen und 2–3 Minuten von jeder Seite direkt grillen.

Die Hälften des Burgerbrötchens kurz von beiden Seiten auf dem Grill rösten, bis sie knusprig sind.

Anschließend aus allen Zutaten in folgender Reihenfolge einen saftigen Burger bauen: Unterhälfte des Brötchens, Salat, Steak, Käse, Zwiebeln, Burgersauce und zum Schluss den Deckel.

PERSONEN
1

VOR-BEREITUNG
20 Min.

GRILLZEIT
10 Min.

ENTRECÔTE
mit Fenchel-Wacholderbeer-
RUB

DAS ENTRECÔTE – FRANZÖSISCH: ENTRE
»ZWISCHEN«, CÔTE »RIPPE« – IST EIN
STEAK AUS DEM ZWISCHENRIPPENSTÜCK DES
RINDS, ÄHNLICH DEM RIB-EYE-STEAK

PERSONEN
6

VOR-
BEREITUNG
30 Min.

GRILLZEIT
2 Std.

ZUTATEN

4–5 kg Entrecôte

Gewürzmischung

2 TL Fenchelsamen

1 TL Wacholderbeeren

2 TL schwarzer Pfeffer

2 TL grobes Meersalz

1 TL Kümmel

Öl

ZUBEREITUNG

Alle Zutaten der Gewürzmischung im Mörser zersto-
ßen. Das Entrecôte waschen, trocken tupfen, mit der
Gewürzmischung und dem Öl einreiben. Dann auf
dem Grill von allen Seiten gleichmäßig angrillen.
Anschließend indirekt für ca. 2 Stunden grillen.
Eventuell die Garzeit verlängern.

Das Fleisch alle 20 Minuten wenden. Mit dem Fleischthermometer die Kerntemperatur zwischendurch
kontrollieren. Den idealen Garpunkt hat das Entrecôte
bei einer Temperatur von 65 Grad.

T-BONE-STEAK
mit Szechuanpfeffer und
BOHNEN-AVOCADO-SALAT

PERSONEN
4

VOR-
BEREITUNG
30 Min.

GRILLZEIT
10 Min.

ZUTATEN

4 T-Bone-Steaks

Öl zum Einölen

Pfeffermischung

5 TL Szechuanpfeffer

4 TL schwarze
Pfefferkörner

3 TL grobes Meersalz

Bohnen-Avocado-Salat

340 g grüne Bohnen

1 Avocado

1 rote Zwiebel

Salz, Pfeffer

3 EL Rotweinessig

3 EL Olivenöl

Saft und Schale von
1 Bio-Limette

1 TL gestoßener Koriander

1 EL gehackter Estragon

1 Tomate

ZUBEREITUNG

Die Bohnen waschen, putzen und in kochendem
Wasser bissfest blanchieren. Unter kaltem Wasser
abschrecken. Die Avocado halbieren, den Kern entfernen, mit einem Löffel das Fruchtfleisch aus der Schale
schälen und in Spalten schneiden. Die Tomate vierteln.
Die Zwiebel schälen und in feine Ringe schneiden.

Alles vorsichtig miteinander vermengen und die
restlichen Zutaten für den Bohnen-Avocado-Salat
zufügen. Den Salat ein paar Minuten ziehen lassen
und erneut abschmecken.

Die Zutaten für die Pfeffermischung im Mörser
zerstoßen.

Die Steaks waschen, trocken tupfen, mit Öl bepinseln
und gleichmäßig mit der Pfeffermischung einreiben.
8–10 Minuten direkt grillen und zwischendurch
wenden. Vor dem Servieren 3–5 Minuten ruhen lassen.

Das Schwein

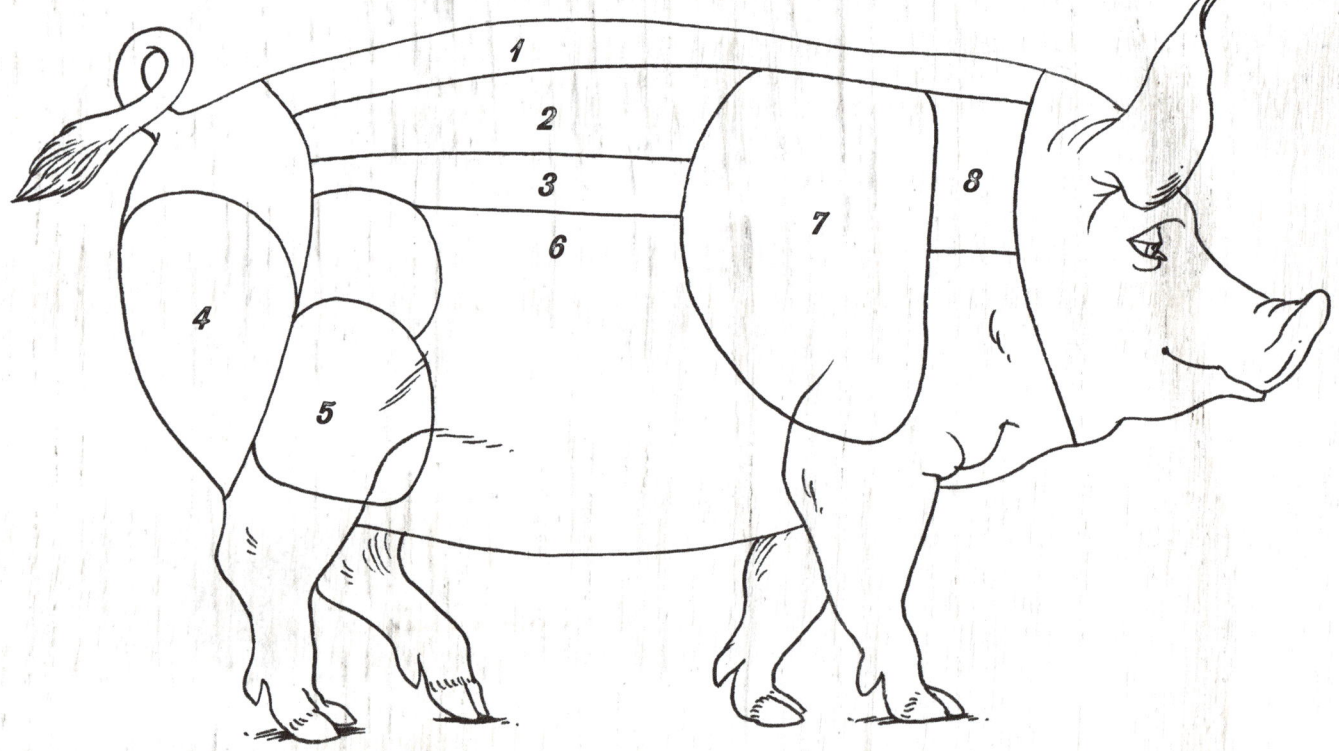

Beim Schwein geraten wir ins Schwärmen. Das schönste Stück? Geschmackssache!
Übrigens bleibt Schweinefleisch besonders saftig, wenn es in größeren Stücken
und am Knochen indirekt gegrillt wird

1 Rückenspeck

In dünne Scheiben geschnitten eignet er sich hervorragend, um mageres Fleisch oder Gemüse zu umwickeln, damit es nicht austrocknet.

2 Kotelett/Karree

Rippenausläufer und Lendenkotelett-strang bilden zusammen das Karree. Beides lässt sich auch einzeln grillen. Am saftigsten bleibt das Kotelett, wenn es am Knochen oder als ganzer Strang gegrillt wird.

8 Nacken (Kamm)

Schweinenacken-Steaks sind der Grill-Klassiker Nr. 1. Das Fleisch ist gut mit Fett durchzogen und bleibt so schön saftig. Zum indirekten Grillen eignet sich Nacken am Stück ganz hervorragend.

3 Filet

Das sehr zarte, kurzfaserige und magere Fleisch wird gern in Medaillons oder Stücke geschnitten, auf Spieße gesteckt oder mit Speck umwickelt.

7 Schulter

Schweineschulter kommt am häu-figsten in Scheiben geschnitten, etwa als „Holzfäller-steak", auf den Grill und ist die Basis von „pulled pork": lange gegartem und zerpflücktem Fleisch.

4/5 Ober- und Unterschale

Das sehr magere Fleisch der Unter- und Oberschale wird vor allem zu Krustenbraten und zu Schnitzeln verarbeitet, die als Minutensteaks nur sehr kurz, in breiteren Stücken etwas länger auf dem Grill garen.

6 Rippen

Die Endausläufer der Rippen haben als Spareribs viele Fans. Sie werden besonders zart, wenn man sie mehrere Stunden bei niedriger Hitze gart.

Ganzes SCHWEINE-KOTELETT

mit Jamaican-Jerk-Marinade und Spitzpaprika

ZUTATEN

Schweinerücken
(ca. 2 kg mit Knochen)

18 rote Spitzpaprika

Salz, Pfeffer

Öl zum Einölen

Saft von 1 Limette

4 EL Olivenöl

Jamaican-Jerk-Marinade

6 Lauchzwiebeln

6 Knoblauchzehen

2 Zwiebeln

5 Chilischoten

Saft von 3 Limetten

5 EL Sojasoße

8–10 EL Olivenöl

1 EL Salz

2 EL brauner Zucker

2 EL gehackte
Thymianblätter

4 EL Paprikapulver

4 EL schwarzer Pfeffer

1 TL geriebene Muskatnuss

1 EL Zimtpulver

1 EL Kreuzkümmel

ZUBEREITUNG

Zutaten für die Jamaican-Jerk-Marinade gut miteinander vermengen und mit dem Stabmixer pürieren.

Den Schweinerücken waschen und trocken tupfen. Mit der Marinade gleichmäßig einreiben und über Nacht marinieren.

Das Fleisch ca. 2 Stunden indirekt und geschlossen bei ca. 160–170 Grad grillen. Hin und wieder wenden.

Die Paprika waschen, abtrocknen und 12–15 Minuten indirekt und geschlossen grillen. Zwischendurch immer wieder wenden. Dann mit Salz und Pfeffer würzen und in Limettensaft und Olivenöl marinieren.

PERSONEN
6

VOR-
BEREITUNG
30 Min.

GRILLZEIT
2 Std.

GEGRILLTES SANDWICH
mit Schweineminutensteak
UND CURRYSAUCE

ZUTATEN

2 Scheiben Roggenbrot

1 Tomate

1 rote Zwiebel

3 Scheiben roher Schinken

2 Scheiben Chester-Käse

2 Schweineminutensteaks

Salz, Pfeffer

Pflanzenöl

Currysauce

2 EL Crème fraîche

1 EL Joghurt

1 TL Currypulver

Salz, Pfeffer

1 EL Honig

3 Blätter frische, gehackte Minze

1 Spritzer Limettensaft

ZUBEREITUNG

Alle Zutaten für die Currysauce miteinander verrühren. Wer es schärfer mag, gibt mehr Currypulver dazu.

Zwiebeln und Tomaten in Scheiben schneiden und auf dem Grill bei mittlerer Hitze 2–3 Minuten von jeder Seite grillen. Brot ebenfalls von beiden Seiten grillen, bis es Farbe hat und knusprig ist.

Die Steaks waschen und trocken tupfen. Anschließend würzen, einölen und 4 Minuten von beiden Seiten direkt grillen. Den rohen Schinken ca. 2 Minuten von jeder Seite grillen, bis er schön knusprig ist.

Alle Zutaten zusammen mit dem Käse und der Currysauce zwischen die Brotscheiben legen.

PERSONEN
1

VOR-
BEREITUNG
20 Min.

GRILLZEIT
10 Min.

SATÉ-SPIESSE

THAI-STYLE

ZUTATEN

850 g Schweinefilet

1 Limette

8 lange Metallspieße

1 TL Öl

1 TL Sambal Oelek

1 TL Currypaste

1 Packung Alfalfa-Sprossen

Saté-Sauce

3 TL Currypaste

3 EL Öl

3 TL Sambal Oelek

5 EL Erdnussbutter

200 ml Wasser

3 EL brauner Zucker

45 g gehackte Erdnüsse

10 g gehackter, frischer Ingwer

2 EL Soyasauce

1 Zwiebel, fein gehackt

Saft von einer Limette

ZUBEREITUNG

Für die Saté-Sauce die Erdnüsse, die Zwiebel und den Ingwer in einem Topf anschwitzen.

Wasser und Erdnussbutter dazugeben und verrühren. Alles aufkochen lassen.

Die restlichen Zutaten ebenfalls dazugeben und alles einkochen lassen. Die Sauce soll eine sämige Konsistenz haben.

Schweinefilet waschen, trocken tupfen, in lange Streifen schneiden und wellenförmig auf die Spieße stecken.

Öl, 1 TL Sambal Oelek und 1 TL Currypaste verrühren und die Spieße damit einstreichen. 20 Minuten kalt stellen.

Dann die Spieße über nicht zu heißer Glut 2–3 Minuten von jeder Seite grillen.

Wer mag, kann die Spieße noch auf dem Grill mit Saté-Sauce bestreichen. Sie bekommen dadurch noch mal eine karamellartige Note. Limette vierteln und mit den Spießen servieren.

PERSONEN
4

VOR-
BEREITUNG
45 Min.

GRILLZEIT
10 Min.

SO SCHNEIDEN SIE DAS FILET IN FLACHE STREIFEN:
LEGEN SIE DAS FLEISCH VOR SICH AUF EIN BRETT.
DAS DICKERE ENDE NACH LINKS. SETZEN SIE
DAS FILETIERMESSER AM LINKEN ENDE AN UND
SCHNEIDEN SIE DER LÄNGE NACH EINEN FLACHEN
STREIFEN VON CA. 0,5 CM DICKE AUS DEM FILET.
DANACH MEHRMALS WIEDERHOLEN

KRUSTENBRATEN

in Malzbier-Marinade
mit Papas arrugadas
und Pfefferzwiebeln

LEGEN SIE DEN BRATEN ZUM MARINIEREN IN EINEN WIEDERVERSCHLIESSBAREN GEFRIERBEUTEL. DAS SPART PLATZ IM KÜHLSCHRANK UND DAS FLEISCH WIRD SO SCHÖN VON DER MARINADE UMSCHLOSSEN

ZUBEREITUNG

Alle Zutaten für die Malzbier-Marinade gut miteinander vermengen. Das Fleisch waschen und trocken tupfen. Den Krustenbraten über Nacht im Kühlschrank in der Marinade marinieren.

Den Braten auf der Fettschicht kurz angrillen. Wenden und indirekt geschlossen bei ca. 160–170 Grad für ca. 3,5 Stunden grillen. Gelegentlich wenden.

Inzwischen für die Papas arrugadas die Kartoffeln in einem Topf mit so viel Wasser überschütten, bis sie gerade bedeckt sind. Meersalz hinzufügen, Topf mit einem Küchentuch – nicht mit einem Deckel! – abdecken und alles einmal aufkochen lassen. Anschließend die Kartoffeln bei niedriger Hitze ca. 20–25 Minuten weiterköcheln lassen. Ab und zu kontrollieren, ob sie schon weich sind. Die Garzeit hängt von der Größe der Kartoffeln ab – sie sollen weich, aber nicht zu weich sein. Kartoffelwasser abgießen und den Topf wieder mit einem Tuch abdecken. Noch einmal für ca. 1/2 Stunde zurück auf die abgeschaltete Kochplatte stellen. Vorsicht, die Restwärme darf nicht mehr so heiß sein, dass die Kartoffeln anbrennen.

Für die Pfefferzwiebeln die Zwiebeln schälen, in Ringe schneiden und mit etwas Öl in einer Pfanne leicht anbraten. Zucker, Salz und den Pfeffer dazugeben. Mit Essig und Madeira ablöschen. Restliche Zutaten zufügen und für ca.15 Minuten köcheln lassen.

ZUTATEN

2 kg Krustenbraten

1 kg festkochende Kartoffeln mit Schale

1/2 Tasse Meersalz

Malzbier-Marinade

1 Flasche Malzbier

2 Zwiebeln, in Würfel geschnitten

2 gehackte Knoblauchzehen

2 TL Salz

2 TL Pfeffer

2 TL Kümmel

4 EL Senf

30 g gehackter Ingwer

1 Bund Petersilie, gehackt

Pfefferzwiebeln

4–6 Zwiebeln

1 TL brauner Zucker

1/2 TL Kreuzkümmel

2 EL Apfelessig

1 EL Öl

Salz, Pfeffer

50 ml Madeira

2 TL gestoßener, schwarzer Pfeffer

2 TL roter Pfeffer

Schale von 1 Bio-Zitrone

1 EL Petersilie, gehackt

PERSONEN
4–6

VORBEREITUNG
1,5 Std.

GRILLZEIT
3,5 Std.

Hot Dog
MIT GROBER BRATWURST
und Hot-Dog-Sauce

WENN AUF DEM GRILL KEIN PLATZ FÜR DIE ZWIEBELN IST ODER SIE IHNEN IMMER DURCHS ROST FALLEN: SIE KÖNNEN SIE AUCH VORHER VORBEREITEN. IN DER BRATPFANNE BRATEN UND IN EINEM MARMELADEN-GLAS MARINIEREN. IM KÜHLSCHRANK 3–5 TAGE HALTBAR

PERSONEN
4

VOR-BEREITUNG
25 Min.

GRILLZEIT
10 Min.

ZUTATEN

4 Hot-Dog-Brötchen

4 grobe Bratwürste

2 rote Zwiebeln

2 weiße Zwiebeln

Salz, Pfeffer

3 EL Olivenöl

2 EL Rotweinessig

Hot-Dog-Sauce

5 EL Mayo

3 EL Joghurt

4 EL BBQ-Sauce

4 EL Ketchup

Saft von 1 Limette

2 EL gehackte Petersilie

1 TL Paprikapulver

ZUBEREITUNG

Alle Zutaten für die Hot-Dog-Sauce gut miteinander vermengen und kurz ziehen lassen.

Die Zwiebeln schälen, in Ringe schneiden, würzen, etwas einölen und bei mittlerer Hitze 2–3 Minuten von jeder Seite grillen. Fertige Zwiebeln in Olivenöl und Essig marinieren.

Die Würste bei direkter Hitze gleichmäßig von allen Seiten grillen, bis sie knusprig sind.

Hot-Dog-Brötchen ebenfalls kurz von beiden Seiten angrillen. Die Brötchen aufschneiden, mit der Wurst und den Zwiebeln füllen und die Hot-Dog-Sauce darübergeben.

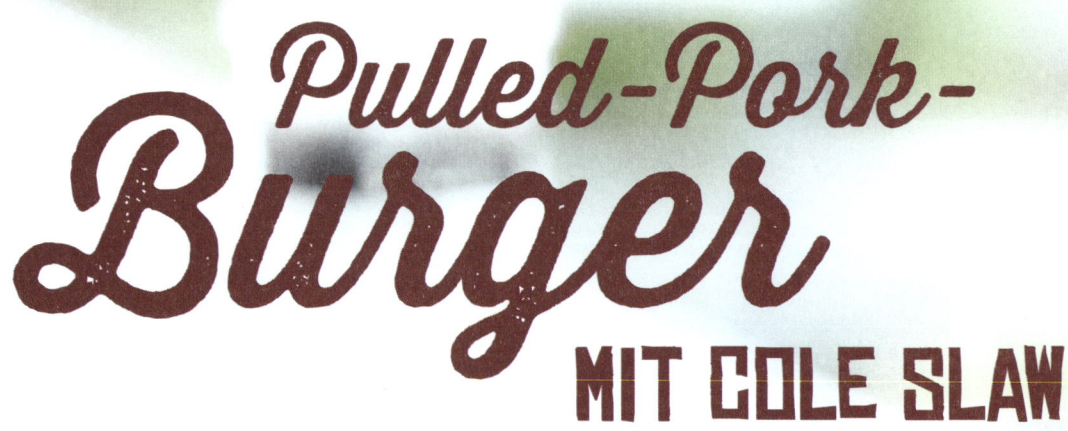

Pulled-Pork-Burger

MIT COLE SLAW

ZUGEGEBEN: PULLED PORK IST ALLES ANDERE ALS FAST FOOD. AM BESTEN BEGINNT MAN GLEICH MORGENS UND ZELEBRIERT DIE ZUBEREITUNG MIT FREUNDEN AN EINEM LANGEN WOCHEN-ENDE IM GARTEN. MIT SPIELEN IM FREIEN UND KÜHLEN GETRÄNKEN NÄHERT MAN SICH SO LANGSAM DER BESCHERUNG

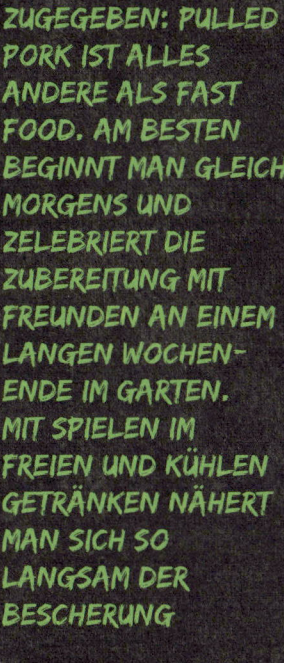

ZUTATEN

4–5 kg Schweineschulter (oder Nacken)

6 große Burger-Brötchen

Holzspäne, z. B. Hickory

Apfelessig

BBQ-Sauce

BBQ-Smoker oder Kugel-Grill

Marinade

2 EL Salz

2 EL Paprikapulver

2 EL Zwiebelgranulat

2 EL frischer, gehackter Rosmarin

2 TL Senfpulver

2 TL frischer, gehackter Thymian

2 TL Chilipulver

150 ml BBQ-Sauce

100 ml Malzbier

Cole Slaw

300 g frischer Weißkohl, fein geschnitten

30 g Zucker

10 g Salz

Pfeffer

1/2 geschälte rote Zwiebel (in feine Streifen geschnitten)

3–4 EL Apfelessig

3 EL Olivenöl

1/2 Bund gehackte, glatte Petersilie

2–3 El Crème fraîche

ZUBEREITUNG

Alle Zutaten für die Marinade miteinander vermengen und kurz ziehen lassen. Das Fleisch waschen und trocken tupfen. Schweineschulter mit der Marinade einreiben und über Nacht marinieren. Am besten in Frischhaltefolie gewickelt im Kühlschrank.

Am nächsten Tag die Schulter im BBQ-Smoker oder Kugelgrill geschlossen 12–14 Stunden bei ca. 100–120 Grad garen. Hin und wieder wenden. Hickory-Späne in Wasser einweichen und hin und wieder zur Glut geben. Unter den Grillrost eine Tropfschale stellen.

Das Pulled Pork ist fertig, wenn die Kerntemperatur 95 Grad beträgt. Mit dem Fleischthermometer immer wieder die Kerntemperatur kontrollieren.

Kurz vor Ende der Garzeit für den Cole Slaw das Weißkraut und die Zwiebel mit Salz, Pfeffer, Zucker und Essig würzen. Alles gut durchkneten und für 10 Minuten zur Seite stellen. Anschließend Olivenöl, Crème fraîche und Petersilie dazugeben und nochmals alles vermengen.

Das fertige Fleisch vom Grill nehmen und ca. 20 Minuten ruhen lassen. Dann auseinanderzupfen, probieren und mit Apfelessig und BBQ-Sauce schön saftig vermischen.

Die Burgerbrötchen knusprig angrillen und mit dem Cole Slaw sowie dem Pulled Pork saftige Burger bauen.

PERSONEN 6

VOR-BEREITUNG 1 Std.

GRILLZEIT 12–14 Std.

SPARERIBS
mit Honig-Chili-Marinade und
THYMIAN-SÜSSKARTOFFELN

ZUTATEN

3,5 kg Spareribs

600 g Süßkartoffeln

8 Zweige Thymian

3 EL Olivenöl

2 EL Essig

Salz, Pfeffer

Öl zum Einölen

Rub

15 g Paprikapulver

10 g Meersalz

5 g Fenchelsamen

10 g schwarzer Pfeffer

5 g Wacholderbeeren

Honig-Chili-Marinade

60 ml Rotweinessig

1 rote Peperoni

100 g Honig

1 TL Salz

1 TL Pfeffer

1 TL Cayennepfeffer

1 TL Currypulver

250 g Ketchup

250 g BBQ-Sauce

2 TL Paprikapulver

4 EL Worcester-Sauce

ZUBEREITUNG

Alle Zutaten für den Rub im Mörser fein zerstoßen.

Die Zutaten für die Honig-Chili-Marinade gut miteinander vermengen und kurz ziehen lassen.

Die Spareribs waschen, trocken tupfen, mit dem Rub einreiben und für 2 Stunden in die Marinade legen.

Dann heiß angrillen und anschließend bei ca. 130–150 Grad indirekt und geschlossen ungefähr 3–4 Stunden grillen. Ab und zu wenden.

Kurz vor Ende der Garzeit der Rippen die Süßkartoffeln waschen, in Scheiben schneiden, würzen und einölen. Dann 3–5 Minuten bei mittlerer Hitze von beiden Seiten direkt grillen. Die fertigen Kartoffeln mit Olivenöl und Essig marinieren. Den Thymian zupfen und darüberstreuen.

Die fertigen Ribs nochmals mit der Marinade bestreichen.

NOCH MARINADE ÜBRIG? DIE SCHMECKT AUCH SUPER ALS SAUCE ZU DEN RIPPCHEN

PERSONEN 4-6

VORBEREITUNG 1 Std.

GRILLZEIT 4 Std.

Schweinefiletspieße

MIT CHILI-MARINADE, ROSMARINÖL UND GEGRILLTER

Kräuterpolenta

ZUTATEN

650 g Schweinefilet

6 Holz- oder Metallspieße

Chili-Marinade

2 gehackte Chilischoten

7 EL Olivenöl

Saft und Schale von
1 Bio-Limette

1 EL Honig

1 TL Meersalz

Rosmarinöl

100 ml Olivenöl

3 Zweige Rosmarin,
gehackt

1 Knoblauchzehe

1 TL zerdrückter,
schwarzer Pfeffer

Kräuterpolenta

200 g Polentagrieß

500 ml Gemüsebrühe

200 ml Milch

Salz, Pfeffer

20 g geriebener Parmesan

50 g Butter

2 EL Olivenöl

1 EL gehackter Oregano

1 EL gehackte Petersilie

1 EL gehackter Basilikum

1 EL gehackter Majoran

PERSONEN
6

VOR-
BEREITUNG
60 Min.

GRILLZEIT
10 Min.

ZUBEREITUNG

Alle Zutaten für das Rosmarinöl gut miteinander vermengen und über Nacht an einem kühlen Platz ziehen lassen.

Die Zutaten für die Chili-Marinade gut miteinander vermengen. Das Fleisch waschen und trocken tupfen. Schweinefilet in ca. 80 g schwere Medaillons schneiden. Jeweils 2 Medaillons auf einen Spieß stecken und alle Spieße 1 Stunde in der Marinade ziehen lassen.

Für die Kräuterpolenta Milch und Gemüsebrühe aufkochen lassen. Polentagrieß einrühren und vom Herd nehmen. Die restlichen Zutaten unterrühren. Polenta auf ein flaches Blech streichen und erkalten lassen. Dann in dreieckige Stücke schneiden.

Die Spieße 5 Minuten von jeder Seite direkt grillen. Von der Hitze nehmen und am Rand ca. 4 Minuten ruhen lassen.

Polentaschnitten von beiden Seiten 5 Minuten angrillen, bis sie goldbraun sind.

Rosmarinöl über Fleisch und Polenta verteilen.

SIE KÖNNEN DAS FLEISCH AUCH IN KLEINERE WÜRFEL SCHNEIDEN UND WIE SCHASCHLIK AUFSPIESSEN

Schweinelende

AM STÜCK MIT GEWÜRZKRUSTE UND
Kirsch-Ketchup

ZUTATEN

1,2 kg Schweinelende

Pflanzenöl zum Einölen

Gewürzkruste

3 EL schwarzer Peffer

3 EL Meersalz

2 EL Kümmel

1 EL Wacholderbeeren

2 EL Fenchelsamen

2 TL Paprikapulver

PERSONEN
6

VOR-
BEREITUNG
1 Std.

GRILLZEIT
25 Min.

Kirsch-Ketchup

3 EL brauner Zucker

1 Chilischote

Saft und Schale von
1 Bio-Orange

2 rote Zwiebeln

2 Knoblauchzehen

2 Tomaten

3 Lorbeerblätter

2 Stk. Sternanis

4 EL Rotweinessig

1 TL Meersalz

1 TL schwarzer Pfeffer

6 Wacholderbeeren

1 EL Tomatenmark

350 g Sauerkirschen
ohne Stein (aus dem Glas)

350 ml Kirschsaft

80 g frische Kirschen
(entsteint)

ZUBEREITUNG

Den Zucker in einem Topf karamellisieren. Zwiebeln und Knoblauch klein schneiden und zum Karamell geben. Mit dem Essig ablöschen. Tomaten und Chili klein schneiden und ebenfalls dazugeben. Orangenschale abreiben, Saft auspressen und mit dem Tomatenmark ebenfalls in den Topf geben. Alles gut umrühren. Dann die Kirschen zugeben, mit dem Kirschsaft auffüllen und köcheln lassen.

Lorbeerblätter, Sternanis, Salz, Pfeffer und Wacholder im Mörser zerstoßen. In ein Gewürzsieb geben und mitkochen lassen. Der Ketchup muss so lange köcheln, bis die Flüssigkeit fast vollständig eingekocht ist und er eine sämige Konsistenz hat. Das Gewürzsieb entnehmen und den Ketchup grob pürieren. Die frischen Kirschen klein schneiden und zum Schluss untermischen. Eventuell noch einmal abschmecken. Der Ketchup soll fruchtig scharf schmecken.

Alle Zutaten für die Gewürzkruste im Mörser zerstoßen.

Das Fleisch waschen und trocken tupfen. Schweinelende einölen, die Gewürzkruste gleichmäßig um das ganze Stück verteilen und gut andrücken. Dann ca. 20–25 Minuten indirekt und geschlossen bei ca. 160–170 Grad grillen. Dabei mehrmals wenden.

JUNG-SCHWEINE-RÜCKEN MIT WALDORF-SALAT

ZUTATEN

1 kg Jungschweinerücken
mit Schwarte

Salz, Pfeffer

2 TL Kümmel

3 EL Ahornsirup

6 Blätter frischer Lorbeer

PERSONEN
4

VOR-BEREITUNG
50 Min.

GRILLZEIT
30 Min.

Waldorfsalat

250 g Knollensellerie
(1 kleiner Kopf)

1 Apfel

50 g grob gehackte
Walnüsse

Saft und Schale von
1 Bio-Zitrone

3 EL gehackte Petersilie

Salz, Pfeffer

2 TL Zucker

5 EL Crème fraîche

3 EL Joghurt

2 EL Olivenöl

1–2 EL Apfelessig

ZUBEREITUNG

Das Fleisch waschen und trocken tupfen. Die Schwarte des Jungschweinerückens einritzen und mit Lorbeerblättern spicken. Das Fleisch würzen, einölen und auf der Schwarte heiß angrillen. Danach wenden und ungefähr 20 Minuten indirekt geschlossen bei ca. 160–170 Grad grillen.

Kümmel und Ahornsirup mischen und das Fleisch auf dem Grill damit einstreichen.

Während das Fleisch gart, für den Waldorfsalat die Sellerieknolle schälen und in feine Streifen schneiden. Den Apfel schälen, halbieren und die Kerne entfernen. Apfel in feine Spalten schneiden. Zitronenschale abreiben und Zitrone auspressen. Alle Zutaten gut vermengen und kurz ziehen lassen.

SCHWEINE-MEDAILLONS

MIT ROTEM PFEFFER, KRÄUTERSAITLINGEN UND ESTRAGON-PESTO

STATT SAITLINGEN KÖNNEN SIE IM SPÄTSOMMER ODER FRÜHHERBST AUCH DIE ERSTEN FRISCHEN STEINPILZE NEHMEN. DAFÜR GROSSE EXEMPLARE DER LÄNGE NACH IN STREIFEN SCHNEIDEN

ZUTATEN

12 Schweinemedaillons à ca. 80 g

8 Kräutersaitlinge

4 EL Olivenöl

Salz, Pfeffer

Saft von 1 Zitrone

6 Zweige Thymian

Olivenöl zum Einölen

Pfeffermischung

2 EL roter Pfeffer

1 TL Meersalz

1 TL schwarzer Pfeffer

4 Wacholderbeeren

Estragon-Erdnuss-Pesto

100 g gesalzene Erdnüsse

1 Zehe Knoblauch

1/2 TL Kreuzkümmel

2 EL gehackter Estragon

20 g Pistazienkerne

1 Prise Salz

100 ml Olivenöl

ZUBEREITUNG

Alle Zutaten für die Pfeffermischung im Mörser zerstoßen.

Alle Zutaten für das Estragon-Erdnuss-Pesto gut miteinander vermengen und mit dem Stabmixer pürieren.

Das Fleisch waschen und trocken tupfen. Schweinemedaillons waschen und trocken tupfen. Mit der Pfeffermischung bestreuen, einölen und von jeder Seite 5 Minuten direkt grillen. Dann an den Rand legen und 2–3 Minuten ruhen lassen.

Die Kräutersaitlinge halbieren, würzen, einölen und 4–5 Minuten von jeder Seite direkt grillen. Dann mit Zitronensaft und Olivenöl marinieren. Thymian zupfen und mit den Pilzen vermischen.

Schweinemedaillons mit den Kräutersaitlingen und dem Pesto servieren.

PERSONEN
6
VOR-BEREITUNG
30 Min.
GRILLZEIT
20 Min.

Schweinenacken

AM KNOCHEN MIT SCHWARZER ESSIG-MARINADE UND

Rettich-Chili-Salat

PERSONEN
6

VOR-BEREITUNG
1 Std.

GRILLZEIT
3,5 Std.

ZUTATEN

2 kg Schweinenacken
mit Knochen

Essig-Marinade

7 EL schwarzer Essig

4 EL Sojasauce

3 EL BBQ-Sauce

3 EL gehackter Ingwer

3 EL Honig

1 Stange Zitronengras,
fein geschnitten

1 EL Senf

Rettich-Chili-Salat

1 Rettich
(ca. 600–700 g)

4 Tomaten

2 Chilischoten

2 Limetten

2 EL Fischsauce

3 EL Sojasauce

3 EL Olivenöl

8 Zweige frischer Koriander

ZUBEREITUNG

Alle Zutaten für die Essig-Marinade gut miteinander vermengen und 20 Minuten ziehen lassen.

Das Fleisch und trocken tupfen. 4 Stunden in der Marinade einlegen. Dann für 3,5 Stunden indirekt und geschlossen bei ca. 170 Grad grillen. Regelmäßig wenden.

Etwa 30 Minuten vor Ende der Garzeit den Rettich schälen und mit dem Sparschäler lange Streifen herunterschälen.

Tomaten und Limetten vierteln. Chilis und Koriander hacken. Alle mit der Fischsauce, der Sojasauce und dem Olivenöl mischen und leicht mit der Hand verkneten. Zum Schluss den Rettich untermischen. Den fertigen Salat kurz ziehen lassen.

UM DAS FLEISCH RUNDUM ZU MARINIEREN, DEN NACKEN MIT DER MARINADE IN EINEN GEFRIERBEUTEL GEBEN, ETWAS DURCHKNETEN UND GUT VERSCHLIESSEN

Das Lamm

Zwei gute Gründe sprechen für Lammfleisch vom Grill: Es ist schmackhaft und zart.
Suchen Sie sich Ihr Lieblingsstück aus und werfen Sie den Grill an! Am zartesten
ist übrigens das hell- bis ziegelrote Fleisch jüngerer Tiere, dessen Fett ganz weiß ist

1 Rücken/Lachs

Ähnlich wie beim Rind kommen auch beim Lamm die besten Stücke zum Grillen oder Kurzbraten aus dem Rücken – wie der Lammlachs. Häufig mit dem Filet verwechselt, ist er ebenfalls sehr zart, aber größer und vor allem breiter.

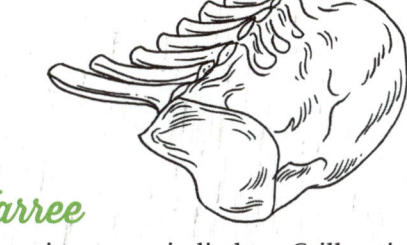

2 Karree

Gut geeignet zum indirekten Grillen sind mehrere Koteletts am Stück. Das Karree mit dem Knochen bleibt richtig schön saftig und wird erst nach dem Grillen aufgeschnitten.

4 Keule/Scheibe

Ob im Ganzen oder in Scheiben geschnitten, als Steaks oder gewürfelt auf dem Spieß – das magere und sehr aromatische Fleisch aus der Lammkeule ergibt auf dem Grill in jedem Fall eine echte Köstlichkeit.

3 Kotelett

Zum schnellen direkten Grillen sind Lammkoteletts sehr gut geeignet. Am bekanntesten ist das doppelte Lendenkotelett, das besonders zart ist. Das gut durchwachsene Stielkotelett – auch „Rack" genannt – kommt aus dem vorderen Teil des Rückens.

5 Filet

Das kleine und sehr zarte Lammfilet ist ein Teil des Lendenkoteletts. Es lässt sich sehr gut marinieren und bei starker Hitze ganz kurz grillen, sodass es im Inneren noch schön rosig bleibt.

Lammkeulenscheiben
mit Paprika-Koriander-Rub
UND SALAT AUS GEGRILLTEN STRAUCHTOMATEN UND OLIVEN

PERSONEN
6
VOR-
BEREITUNG
45 Min.
GRILLZEIT
20 Min.

ZUTATEN

6 Lammkeulenscheiben
à ca. 170 g

Öl zum Einreiben

Paprika-Koriander-Rub

3 EL Paprikapulver

1 EL Knoblauchsalz

2 EL Koriandersamen

1 TL Kreuzkümmel

1 TL schwarzer Pfeffer

**Strauchtomaten-
Oliven-Salat**

350 g Strauchtomaten
(ca. 4–5 Zweige)

12 schwarze Oliven

12 grüne Oliven

2 EL Olivenöl

2 EL Rotweinessig

1 TL gehackter Oregano

Salz, Pfeffer

ZUBEREITUNG

Alle Zutaten für den Paprika-Koriander-Rub im Mörser zerstoßen und gut miteinander vermengen.

Das Fleisch waschen und trocken tupfen. Die Lammkeulenscheiben mit dem Rub einreiben, leicht einölen und anschließend ungefähr 8–10 Minuten von jeder Seite indirekt und geschlossen bei ca. 170 Grad grillen.

Für den Stauchtomaten-Oliven-Salat die Tomaten etwas einölen und am Zweig ca. 5 Minuten bei mittlerer Hitze grillen. Vom Grill nehmen und vorsichtig vom Strauch zupfen. Die Oliven halbieren. Anschließend mit den restlichen Zutaten mischen und abschmecken.

DIE KEULENSCHEIBEN GIBT ES SCHON FERTIG GESCHNITTEN. FRAGEN SIE AN DER FLEISCHTHEKE. SELBER SCHNEIDEN IST WEGEN DES KNOCHENS SCHWIERIG

LAMMKARREE
MIT OREGANO-ORANGEN-MARINADE
und Tomatenpesto

PERSONEN
4-6

VOR-
BEREITUNG
30 Min.

GRILLZEIT
20 Min.

ZUTATEN

1,5 kg Lammkarree
(ca. 2 Lammkarrees
mit Knochen)

Salz, Pfeffer

**Oregano-Orangen-
Marinade**

Schale und Saft von
1 Bio-Orange

2 EL gehackter Oregano

2 TL Meersalz

1 TL schwarzer Pfeffer

1 TL Fenchelsamen

8 EL Olivenöl

Tomatenpesto

60 g getrocknete Tomaten

15 EL Olivenöl

3 g Meersalz

Abrieb von 1/2 Bio-Zitrone

2 gehackte Knoblauch-
zehen

Salz, Pfeffer

2 EL Estragon

ZUBEREITUNG

Alle Zutaten für das Tomatenpesto gut miteinander
vermengen und mit dem Stabmixer pürieren.

Für die Oregano-Orangen-Marinade die Schale der
Orange abreiben und die Orange auspressen. Meersalz,
Pfeffer und Fenchelsamen im Mörser zerstoßen. Dann
alle Zutaten miteinander vermengen und 20 Minuten
ziehen lassen.

Das Fleisch waschen und trocken tupfen. Das Lammkarree 2 Stunden in der Marinade einlegen. Abtropfen
lassen und 5 Minuten auf der Hautseite angrillen. Auf
die Knochenseite drehen und indirekt und geschlossen
für 8–10 Minuten bei ca. 170 Grad grillen. Anschließend an den Rand des Grills legen und 3–5 Minuten
ruhen lassen.

Fertige Lammkarrees aufschneiden, mit Salz und
Pfeffer würzen und mit dem Tomatenpesto servieren.

Lammspieße

MIT LIMETTEN-SALBEI-MARINADE
und Joghurt-Minz-Dip

ZUTATEN

640 g Lammrücken, schier
4 Metallspieße
Salz, Pfeffer
12 grüne Oliven

Limetten-Salbei-Marinade

Schale von 1 Bio-Limette
6 Blätter Salbei
Salz und Pfeffer
100 ml Olivenöl
2 Knoblauchzehen

Joghurt-Minz-Dip

250 g Joghurt
2 EL gehackte Minze
1 EL Honig
1 Prise Zucker
Salz, Pfeffer
1 Spritzer Apfelessig
1 TL roter Pfeffer,
frisch gemörsert

ZUBEREITUNG

Für die Limetten-Salbei-Marinade die Limettenschale abreiben, Knoblauch und Salbei hacken, alles gut miteinander vermengen und 30 Minuten ziehen lassen.

Das Fleisch waschen und trocken tupfen. Lammrücken in ca. 40 g schwere Stücke schneiden, zusammen mit jeweils drei Oliven auf Spieße stecken – 4 Stück Lamm pro Spieß – und dann für 1 Stunde in die Limetten-Salbei-Marinade legen.

Alle Zutaten für den Joghurt-Minz-Dip gut miteinander verrühren und 20 Minuten ziehen lassen.

Die Spieße aus der Marinade nehmen, mit Salz und Pfeffer würzen und 5–6 Minuten von jeder Seite indirekt und geschlossen bei ca. 170 Grad grillen.

PERSONEN
4
VOR-BEREITUNG
30 Min.
GRILLZEIT
12 Min.

Saftige LAMMKOTELETTS
mit Kräutermarinade,
Apfel-Aioli und Papadums

ZUTATEN

16 Lammkoteletts
(4 Stk. pro Person)
Salz, Pfeffer
8–10 Papadums (indische
Linsenmehlfladen)
etwas Öl zum Einölen

Apfel-Aioli

1 Apfel
4–5 Zehen Knoblauch
4 EL Mayo
1 EL Crème fraîche
Salz, Pfeffer
1 TL Currypulver
1 EL gehackte Petersilie
1 EL roter Essig

Kräutermarinade

3 Zweige Rosmarin
3 Zweige Thymian
12 Blätter frischer
Basilikum
2 Zweige Oregano
2 Zweige Estragon
1 TL schwarzer Pfeffer
1 TL Meersalz
3 Nelken
2 Knoblauchzehen
300 ml Olivenöl
1 rote Zwiebel

PERSONEN
4
VOR-
BEREITUNG
30 Min.
GRILLZEIT
20 Min.

ZUBEREITUNG

Für die Kräutermarinade das Olivenöl in eine Schüssel geben. Rosmarin, Thymian und Basilikum, Oregano und Estragon klein schneiden und dazugeben. Rote Zwiebel und Knoblauch schälen, hacken und ebenfalls hinzufügen. Pfeffer, Salz und Nelken hinzufügen, alles gut umrühren und 20 Minuten ziehen lassen.

Das Fleisch waschen und trocken tupfen. Koteletts 3 Stunden marinieren. Anschließend würzen und direkt ca. 5 Minuten von beiden Seiten grillen. Die Papadums mit Öl bestreichen und kurz direkt von beiden Seiten grillen, bis sie etwas Farbe angenommen haben.

Den Apfel waschen und reiben. Knoblauch hacken. Dann alles mit den restlichen Zutaten für die Apfel-Aioli vermengen und kurz ziehen lassen.

DAS REZEPT KÖNNEN SIE
GENAUSO GUT MIT DOPPELTEN
LENDENKOTELETTS ZUBEREITEN.
DIE MARINIER- UND GRILLZEIT
BLEIBT DABEI GLEICH

MIT KNOBLAUCH GESPICKTE

Lammkeule

MIT SALAT AUS GEGRILLTEN BOHNEN

& Aprikosen-Chutney

ZUBEREITUNG

Den Knoblauch schälen und in Stifte schneiden. Das Fleisch waschen und trocken tupfen. In die Lammkeule mit einem Messer kleine Schlitze schneiden und die Knoblauchstifte hineinstecken. Die Keule würzen und einölen. Dann indirekt und geschlossen bei ca. 160–170 Grad ca. 1 Stunde und 45 Minuten grillen, bis die Kerntemperatur 50 Grad beträgt. Mit dem Fleischthermometer messen.

Inzwischen die Bohnen putzen und in kochendem Wasser blanchieren. Die Zwiebeln in Ringe schneiden. Beides bei direkter Hitze 4–5 Minuten grillen. Alternativ können die Zwiebeln auch in einer Pfanne gebraten werden.

Auf einem flachen Blech Bohnen und Zwiebeln mit den restlichen Zutaten für den Bohnensalat vermengen. Tomaten halbieren und untermischen. Salat kühl stellen.

Für das Chutney den Zucker in einer Pfanne karamellisieren. Knoblauch und Zwiebeln schälen. Getrocknete Tomaten, Knoblauch, Zwiebel und Chili fein würfeln, alles zum Karamell dazugeben und durchschwenken.

Orange waschen und abtrocknen. Schale mit einem Messer dünn abschneiden und in feine Streifen schneiden. Die Orange halbieren, auspressen und den Saft mit in die Pfanne geben. Anschließend alles mit Apfelessig und Weißwein ablöschen. Die getrockneten Aprikosen in kleine Würfel schneiden und mit den Fenchelsamen in die Pfanne dazugeben. Alles köcheln lassen, bis die Flüssigkeit fast vollständig eingekocht ist. Zum Schluss gehackten Estragon untermengen.

Die fertige Lammkeule aufschneiden und mit dem Bohnensalat und dem Aprikosenchutney servieren.

ZUTATEN

1 Lammkeule ohne Knochen (ca. 1,4 kg)

5 Zehen Knoblauch

Salz, Pfeffer

Öl zum Einölen

Bohnensalat

500 g Schneidebohnen

2 rote Zwiebeln

1 EL gehackte Petersilie

Salz, Pfeffer

3 EL Olivenöl

3–4 EL Rotweinessig

6 Kirschtomaten

Saft von 1 Zitrone

Aprikosen-Chutney

2 EL brauner Zucker

4 getrocknete Tomaten

1 kleine Zwiebel

4 EL Apfelessig

Salz, Pfeffer

1 TL Fenchelsamen

1 Knoblauchzehe

Saft und Schale von 1 Bio-Orange

1 TL Currypulver

100 ml Weißwein

200 g getrocknete Aprikosen (oder frische, nicht zu reife)

1 kleine Chilischote

1 TL gehackter Estragon

PERSONEN
6

VOR-
BEREITUNG
2 Std.

GRILLZEIT
1 Std. 45 Min.

LAMMRÜCKEN
MIT KORIANDERGREMOLATA
und Auberginen-Tomaten-Salat

KEIN KORIANDER-FAN? DANN KÖNNEN SIE FÜR DIESES REZEPT AUCH DIE GREMOLATA MIT PETERSILIE VON SEITE 185 NEHMEN

PERSONEN
4

VORBEREITUNG
45 Min.

GRILLZEIT
20 Min.

ZUTATEN

600 g Lammrücken

Salz, Pfeffer

Öl zum Einölen

Auberginen-Tomaten-Salat

2 Auberginen

2 Tomaten

6 grüne Oliven

6 schwarze Oliven

3 EL Olivenöl

3 EL Balsamico

Salz, Pfeffer

8 Blätter frischer Basilikum

Koriandergremolata

Schale von 2 Bio-Limetten

2 EL frischer, gehackter Koriander

2 Knoblauchzehen

ZUBEREITUNG

Auberginen in etwas dickere Scheiben schneiden. Tomaten halbieren. Beides leicht einölen, würzen und 10 Minuten indirekt und geschlossen grillen. Anschließend vom Grill nehmen und in grobe Stücke schneiden.

Oliven halbieren, zu den Auberginen und Tomaten geben. Öl und Essig hinzufügen und nochmals mit Salz und Pfeffer abschmecken. Zum Schluss Basilikumblätter zugeben und alles gut durchmischen. Salat für einige Minuten ziehen lassen.

Die Zutaten für die Koriandergremolata fein hacken und mischen.

Das Fleisch waschen und trocken tupfen. Die Haut kreuzweise einschneiden. Würzen, einölen und 5 Minuten auf der Hautseite angrillen. Anschließend wenden und ungefähr 8–10 Minuten indirekt und geschlossen bei ca. 160 Grad fertig grillen. Auf die Seite des Rostes legen, 3–5 Minuten ruhen lassen, mit der Gremolata bestreichen und aufschneiden.

Das Geflügel

Hähnchen

Als Hähnchen bezeichnet man junge Hähne. Sie werden zumeist im Alter von fünf bis sechs Wochen kurz vor der Geschlechtsreife geschlachtet.

1 Flügel

Chickenwings sind eine beliebte Grillspezialität in den Südstaaten der USA. Sie lassen sich praktisch aus den Fingern knabbern.

3 Keule

Ein beliebtes Fingerfood sind auch die Unterkeulen, aufgrund ihrer Form auch Drumsticks genannt.

2 Brust

Die Brust von Hähnchen oder Pute wird schnell trocken. Deshalb am besten umwickeln, marinieren, füllen oder aufrollen. Entenbrust mit Haut trocknet nicht so schnell aus.

Wer bei Geflügel nur an Hähnchen denkt, der hat noch nicht Ente, Pute und Gans vom Grill probiert. Heißes Highlight: Hähnchen im Ganzen und Entenbrust rosa vom Rost

Ente

Sie haben dunkles, festes Fleisch und besitzen als Wasservögel unter der Haut relativ viel Fett. Daher sind sie sehr gut für den Grill geeignet. Entweder im Ganzen oder in Teilen wie Brust oder Keulen.

Pute

Die weiblichen Truthühner können bis zu 7 kg wiegen, die Hähne sogar bis zu 12 kg. Deshalb eignen sich Teilstücke besser zum Grillen. Beliebte Teile sind Putenbrust oder die sehr saftigen Keulen.

Gans

Auch Gänse eignen sich durch ihr festes dunkles Fleisch und ihren relativ hohen Fettgehalt sehr gut zum Grillen. Keulen und Brust gibt es auch einzeln zu kaufen.

Krosse
HÄHNCHEBRUST
MIT ROSMARINÖL
UND GEGRILLTEN AVOCADOS

DAS ROSMARINÖL KÖNNEN SIE AUCH AUF VORRAT VORBEREITEN. EINFACH DIE MENGEN ERHÖHEN UND IN MARMELADENGLÄSERN GUT VERSCHLOSSEN KÜHL UND DUNKEL AUFBEWAHREN

ZUTATEN

6 Hähnchenbrüste mit Haut

Salz

schwarzer Pfeffer (gemörsert)

4 EL Olivenöl

2 EL Rotweinessig

3 Avocados (nicht zu weich)

Rosmarinöl

4 Zweige Rosmarin

Schale von 1 Bio-Limette

1 Knoblauchzehe

1/2 TL Kümmel

300 ml Olivenöl

1/2 TL Meersalz

PERSONEN
6

VOR-
BEREITUNG
45 Min.

GRILLZEIT
20 Min.

ZUBEREITUNG

Für das Rosmarinöl Knoblauch schälen und hacken. Rosmarin hacken. Limettenschale abreiben. Alles mit den restlichen Zutaten für das Rosmarinöl vermischen. 2–3 Stunden ziehen lassen.

Das Fleisch waschen, trocken tupfen und 2 Stunden im Rosmarinöl marinieren. Anschließend würzen und mit der Hautseite zuerst angrillen. Wenn die Haut kross ist, wenden und indirekt geschlossen 15 Minuten bei ca. 160 Grad fertig grillen.

Die Avocados halbieren, die Kerne entfernen, Avocados vierteln, die Haut abziehen und auf einen flachen Teller legen. Mit Olivenöl einstreichen und würzen. Über nicht zu heißer Glut grillen, bis sie von beiden Seiten goldbraun sind. Vom Grill nehmen und das restliche Olivenöl und den Essig drüberträufeln.

Chicken-WINGS

MIT HONIGGLASUR

ZUTATEN

16 Chickenwings

Honigglasur

4 EL Honig

1 EL Ketchup

1 TL Koriandersamen

Saft und Schale von
1 Bio-Limette

Salz, Pfeffer

PERSONEN
4

VOR-
BEREITUNG
45 Min.

GRILLZEIT
20 Min.

ZUBEREITUNG

Für die Honigglasur Honig mit Ketchup verrühren. Koriandersamen im Mörser zerstoßen und zugeben. Limettenschale abreiben und dazugeben. Limette halbieren, auspressen und ebenfalls zugeben. Alles nochmals umrühren und 10 Minuten ziehen lassen.

Chickenwings waschen, trocken tupfen, mit der Honigglasur bestreichen und 20 Minuten darin marinieren. Etwas von der Glasur beiseitestellen.

Nach Ende der Marinierzeit die Chickenwings von allen Seiten ca. 20 Minuten gleichmäßig angrillen. Die Glut darf nicht zu heiß sein. Kurz vor Ende der Garzeit die Chickenwings auf dem Grill mit der restlichen Marinade bestreichen, fertig grillen, vom Rost nehmen und servieren.

DAS BESTE BESTECK FÜR CHICKENWINGS SIND DIE FINGER. STELLEN SIE ALSO AUSREICHEND SERVIETTEN ODER KÜCHENPAPIER BEREIT

Brust und Keule vom
KRÄUTERHÄHNCHEN
mit Mojo rojo

WER NOCH KEINEN SCHNURLOSEN STABMIXER HAT, SOLLTE SICH JETZT EINEN GÖNNEN. DANN KÖNNEN SIE DIE MOJO ROJO NÄMLICH DIREKT AM GRILL ZUBEREITEN. IN DER KÜCHE GEHT'S NATÜRLICH AUCH

PERSONEN
4
VOR-
BEREITUNG
60 Min.
GRILLZEIT
40 Min.

ZUTATEN

1 Hähnchen (ca. 1,4 kg)

Salz, Pfeffer

4 Zweige Oregano

4 Zweige Estragon

4 Zweige Koriander

4 Zweige Petersilie

8 Blätter Basilikum

etwas Öl zum Einölen

Mojo rojo

3 rote Paprikaschoten

4 Knoblauchzehen

2 Peperoni

1 TL Paprikapulver

1 TL Kreuzkümmel

1 TL Meersalz

100 ml Olivenöl

ZUBEREITUNG

Das Fleisch waschen und trocken tupfen. Die Keulen abtrennen und die Brüste vom Knochen lösen.

Kräuter zupfen und hacken. Die Haut von Brust und Keule mit dem Finger leicht anheben und die Kräuter gleichmäßig unter die Haut schieben.

Brüste und Keulen würzen, leicht einölen und bei mittlerer Hitze auf der Haut kurz angrillen. Anschließend drehen und 15 Minuten indirekt und geschlossen garen.

Inzwischen die Paprikaschoten so lange auf dem Grill rösten, bis sie von allen Seiten schwarz sind. Schale und Kerne der Paprika unter fließendem Wasser entfernen. Anschließend alle Zutaten für die Mojo rojo mit einem Stabmixer pürieren.

Die Hähnchenbrüste sind nach ca. 15 Minuten fertig und können vom Grill genommen werden. Die Keulen brauchen etwas länger. Sie müssen insgesamt 40 Minuten indirekt bei ca. 160 Grad auf dem geschlossenen Grill garen. Fertige Keulen am Gelenk durchschneiden und mit der Mojo rojo servieren.

HÄHNCHENUNTERKEULEN
in Texas-Marinade
MIT WÜRZIGEM POPCORN

PERSONEN
4
VOR-
BEREITUNG
50 Min.
GRILLZEIT
30 Min.

SCHON MAL
GANS VOM GRILL
PROBIERT? TESTEN
SIE DIESES REZEPT
MAL MIT GÄNSE-
KEULEN. DIE GARZEIT
VERLÄNGERT
SICH, DA DIE
KEULEN ETWAS
GRÖSSER SIND

ZUTATEN

12 Hähnchenunterkeulen

Gewürzpopcorn

4 EL brauner Zucker

1 kleine Chilischote

60 g Popcorn

1/2 TL Fenchelsamen

1/2 TL Koriandersamen

1/2 TL Kreuzkümmel

eventuell etwas Salz und
Pfeffer zum Würzen

Texas-Marinade

6 EL Senf

6 EL Ketchup

3 Knoblauchzehen

1 grüne Chilischote

1 EL grüner Pfeffer

3 EL Olivenöl

1 TL Kräutersalz

6 EL BBQ-Sauce

ZUBEREITUNG

Für das Gewürzpopcorn braunen Zucker in einem Topf erhitzen und flüssig werden lassen. Chilischote fein hacken. Fenchelsamen, Koriandersamen und Kreuzkümmel im Mörser zerstoßen und dem Karamell beigeben. Topf vom Herd nehmen. Das Popcorn hinzufügen und alles gut miteinander vermischen, sodass das Popcorn gleichmäßig mit dem Gewürzkaramell umschlossen wird. Das karamellisierte Popcorn noch nicht mit den Händen berühren, da der Karamell noch sehr heiß ist. Popcorn auf einem flachen Blech erkalten lassen. Anschließend in grobe Stücke brechen.

Für die Texas-Marinade Knoblauchzehen schälen und mit der grünen Chili klein schneiden. Den grünen Pfeffer zerdrücken. Alle Zutaten gut vermischen.

Die Hähnchenkeulen waschen, trocken tupfen und in der Marinade 4 Stunden einlegen.

Anschließend gleichmäßig von jeder Seite 10 Minuten heiß direkt angrillen und im Anschluss 20 Minuten indirekt und geschlossen bei ca.160–170 Grad fertig grillen. Zwischendurch mehrmals wenden.

GEFÜLLTE HÄHNCHENBRUST
MIT FENCHEL-ÖL
und Salat von jungem Spinat

DER SPINATSALAT WIRD SCHNELL WELK, DESHALB LIEBER KURZ VORHER ZUBEREITEN ODER ALLES VORBEREITEN UND ERST KURZ VOR DEM SERVIEREN MITEINANDER VERMENGEN

ZUTATEN

6 Hähnchenbrüste mit Haut

6 Scheiben Parmaschinken

6 Scheiben Mozzarella

6 Blätter Salbei

Salz, Pfeffer

Pflanzenöl zum Einölen

6 Zahnstocher

Fenchel-Öl

3 EL Fenchelsamen

2 Zweige Thymian

1/2 TL Meersalz

5 Körner schwarzer Pfeffer

1 Knoblauchzehe

Spinatsalat

250 g junger Spinat

Saft von 1 Limette

Salz, Pfeffer

3 EL Olivenöl

1 Mango

3 EL Erdnüsse

3 EL Olivenöl

Salz, Pfeffer

ZUBEREITUNG

Für das Fenchel-Öl Fenchelsamen, Pfeffer und Meersalz im Mörser zerstoßen. Thymian zupfen und den Knoblauch hacken. Dann alles mit dem Öl vermischen und an einem kühlen Ort über Nacht ziehen lassen.

Das Fleisch waschen und trocken tupfen. In die Hähnchenbrüste mit einem scharfen Messer seitlich eine Tasche einschneiden. Mit Parmaschinken, Mozzarella und Salbei füllen, würzen, einölen und mit den Zahnstochern verschließen. Auf der Hautseite kross angrillen. Wenden und indirekt geschlossen bei ca. 150–160 Grad ungefähr 10–12 Minuten fertig grillen.

Inzwischen für den Spinatsalat die Mango schälen und mit einem Sparschäler das Fruchtfleisch bis zum Kern abschälen. Den Spinat in kaltem Wasser waschen, in ein Sieb geben und gut abtropfen lassen. Dann mit der Mango vermischen und alle restlichen Zutaten unterheben. Das Fleisch mit dem Spinatsalat servieren. Das Fenchel-Öl darübergeben.

PERSONEN
6

VOR-
BEREITUNG
40 Min.

GRILLZEIT
15 Min.

Involtini
VON DER PUTENBRUST
mit Wacholder-karotten

ZUTATEN

1,2 kg Putenbrust
8 Scheiben Pancetta
8 Scheiben Salbei
Salz, Pfeffer
Öl zum Einölen
8 Zahnstocher

Wacholderkarotten

12 Karotten (am besten
frische Bundmöhren)
1 EL Wacholderbeeren
1 TL schwarzer Pfeffer
1 TL Meersalz
2–3 EL Olivenöl
2 EL Balsamico-Essig
1 EL gehackter Estragon

PERSONEN
4
VOR-
BEREITUNG
45 Min.
GRILLZEIT
30 Min.

ZUBEREITUNG

Die Karotten waschen, schälen, halbieren und
12 Minuten indirekt geschlossen grillen. Gelegentlich
wenden.

Inzwischen das Fleisch waschen und trocken tupfen.
Die Putenbrust in ca. 140 g schwere Steaks schneiden
und leicht plattieren. Pancetta und Salbei auf die
Putensteaks legen, die Steaks würzen und zusammen-
rollen. Mit einem Zahnstocher feststecken.

Karotten vom Grill nehmen und auf einen flachen
Teller legen.

Die Involtini indirekt und geschlossen ungefähr 12–15
Minuten bei ca. 160–170 Grad grillen. Gelegentlich
wenden.

Wacholder, schwarzen Pfeffer und Meersalz im Mörser
zerstoßen und die Karotten mit der Gewürzmischung
würzen. Zum Schluss Olivenöl, Balsamico-Essig und
Estragon dazugeben. Alles gut miteinander vermengen.

PUTENMEDAILLONS
IM LARDO-MANTEL AUF ZITRONENGRAS-SPIESSEN
mit Pfeffermelone

LARDO IST EIN FETTER ITALIENISCHER SPECK, DER EINGELEGT IN MARMORTRÖGEN REIFT. SIE KÖNNEN ALTERNATIV AUCH DÜNN GESCHNITTENEN DURCHWACHSENEN SPECK, BACON ODER PARMASCHINKEN NEHMEN

ZUTATEN

4 Stangen Zitronengras (jeweils ca. 20 cm lang)

800 g Putenbrust

12 Scheiben Lardospeck

1 kleine Honigmelone

8 frische Lorbeerblätter

Salz, Pfeffer

Olivenöl zum Einölen

Saft von 1 Zitrone

3 TL schwarzer Pfeffer

2 TL roter Pfeffer

1 TL Szechuanpfeffer

PERSONEN
4

VOR-
BEREITUNG
40 Min.

GRILLZEIT
15 Min.

ZUBEREITUNG

Die Melone achteln. Kerne und Schale entfernen, etwas einölen und von jeder Seite 2–3 Minuten grillen. Schwarzen, roten und Szechuanpfeffer im Mörser zerstoßen. Die fertigen Melonen mit Olivenöl und dem Zitronensaft marinieren und mit dem zerstoßenen Pfeffer würzen.

Das Fleisch waschen und trocken tupfen. Die Putenbrust in 12 Würfel schneiden. Jeweils mit einer Scheibe Speck umwickeln.

Je 3 Würfel mit 2 Lorbeerblättern im Wechsel auf einen Zitronengras-Spieß stecken. Spieße würzen, einölen und von beiden Seiten angrillen. Dann geschlossen und indirekt bei ca. 160 Grad 10–12 Minuten fertig grillen. Mit der Pfeffermelone servieren.

Tandoori-Hähnchenspieße

MIT JOGHURT-CURRY-DIP UND REISSALAT

ZUTATEN

500 g Hähnchenbrust ohne Haut

Pflanzenöl zum Einölen

4 Metallspieße

Tandoori-Mischung

2 TL Kurkuma

2 TL Paprikapulver, edelsüß

2 TL Rosenpaprika

1 TL getrocknete, gemahlene Chilischoten

1 Msp. Safran

1–2 TL Garam-masala-Basismischung

1 TL angeröstete, gemörserte Kardamonkapseln

PERSONEN
4

VOR-BEREITUNG
40 Min.

GRILLZEIT
10 Min.

Joghurt-Curry-Dip

250 g Joghurt

1 TL Currypulver

Salz, Pfeffer

1 TL Kreuzkümmel

Saft von 1 Limette

1 EL süße Sojasauce

1 kleine Chilischote, gehackt

1 EL Mango-Püree

1/2 TL gehackter Ingwer

Reissalat

240 g Langkornreis

Saft und Schale von 1 Bio-Zitrone

1 Stange Frühlingslauch

6 in Öl eingelegte Tomatenfilets

1 TL Currypulver

200 g frische Ananas

3 EL roter Essig

4 EL Olivenöl

1 TL gehackter Koriander

Salz, Pfeffer

ZUBEREITUNG

Für den Reissalat den Reis kochen, abgießen und mit kaltem Wasser abspülen. Tomatenfilets hacken, Ananas schälen, in Würfel schneiden. Alles in einer Schüssel mit dem Currypulver, dem roten Essig und dem Reis vermengen. Zitronenschale abreiben, anschließend die Zitrone halbieren und über dem Reissalat ausdrücken. Geriebene Schale ebenfalls zugeben. Olivenöl zugeben und alles mit Salz und Pfeffer würzen. Frühlingslauch in Ringe schneiden, frischen Koriander hacken und zum Schluss ebenfalls mit dem Reissalat mischen.

Alle Zutaten für den Joghurt-Curry-Dip miteinander verrühren und 20 Minuten ziehen lassen.

Das Fleisch waschen und trocken tupfen. Die Hähnchenbrust in Würfel schneiden und mit der Tandoori-Mischung würzen. Dann ca. vier Würfel auf je einen Spieß stecken und auf dem heißen Grill von allen Seiten gleichmäßig ca. 5–7 Minuten grillen.

ROSA *Entenbrust*
MIT MANGO-CHUTNEY

PERSONEN
4

VOR-
BEREITUNG
60 Min.

GRILLZEIT
15 Min.

ZUTATEN

4 Entenbrüste

Meersalz

1 TL schwarzer Pfeffer

1 TL Kreuzkümmel

Öl zum Einölen

Mango-Chutney

1 Mango

1 rote Zwiebel

3 EL brauner Zucker

4 EL Rotweinessig

1 kleine Chilischote, gehackt

1 EL Currypulver

1 TL gestoßener schwarzer Pfeffer

1 TL Salz

100 ml Weißwein

150 ml Orangensaft

1 EL frischer, gehackter Koriander

ZUBEREITUNG

Für das Mango-Chutney die Mango schälen und das Fruchtfleisch in Würfel schneiden. Zwiebel fein hacken. Den Zucker in einem Topf karamellisieren. Mango und Zwiebelwürfel zugeben. Mit Rotweinessig ablöschen. Chilischote und Gewürze zugeben. Alles mit Orangensaft und Weißwein auffüllen. Das Chutney so lange köcheln lassen, bis die Flüssigkeit fast vollständig eingekocht ist und es eine sämige Konsistenz hat. Zum Schluss den gehackten Koriander zugeben und eventuell noch mit etwas Rotweinessig abschmecken.

Das Fleisch waschen und trocken tupfen. Auf der Hautseite kreuzförmig einschneiden. Meersalz, Pfeffer und Kreuzkümmel im Mörser zerstoßen und die Entenbrust damit würzen. Entenbrust mit Pflanzenöl etwas einölen und auf dem heißen Grill auf der Hautseite knusprig angrillen. Dann wenden und indirekt bei ca. 160 Grad geschlossen 8–10 Minuten weitergrillen. Dann die Brüste an die Seite legen und für ein paar Minuten ruhen lassen.

Entenbrüste mit dem Mango-Chutney servieren.

Zitronen-HÄHNCHEN

MIT AVOCADO-SALAT UND CRASHED POTATOES

PERSONEN 4

VOR-BEREITUNG 60 Min.

GRILLZEIT 1 Std.

ZUTATEN

1 Hähnchen (ca. 1,4 kg)

1 Zitrone

1 Zwiebel

Salz, Pfeffer

2 Knoblauchzehen

1/2 Stange Zitronengras

Olivenöl zum Einreiben

Avocado-Salat

2 Avocados

Saft von 1 Zitrone

3 EL Olivenöl

2 Tomaten

Salz, Pfeffer

8 Blätter Basilikum, grob gehackt

Crashed Potatoes

500 g festkochende Kartoffeln (nicht zu groß)

3 EL Olivenöl

Salz, Pfeffer

ZUBEREITUNG

Für den Avocado-Salat die Avocados halbieren und Kerne entfernen. Anschließend mit einem Löffel vorsichtig das Fruchtfleisch aus den Avocados, herauslösen. Die Hälften in jeweils 4 Spalten schneiden. Tomaten waschen und sechsteln. Beides zusammen mit Zitronensaft und Olivenöl marinieren. Würzen und das Basilikum zugeben. Kalt stellen.

Das Hähnchen unter fließendem Wasser waschen, trocken tupfen und beiseitestellen.

Zitrone waschen und halbieren, die Hälften vierteln. Zwiebel schälen und vierteln. Zitronengras und Knoblauch in kleine Stücke schneiden. Alles miteinander vermengen und würzen.

Das Hähnchen mit der Zitronen-Zwiebel-Mischung füllen, einölen und kurz heiß angrillen. Anschließend geschlossen ungefähr 1 Stunde bei ca. 160 Grad indirekt weitergrillen. Das Hähnchen häufiger wenden, damit es gleichmäßig von allen Seiten gart.

Inzwischen die Kartoffeln waschen und mit Schale kochen, etwas erkalten lassen und mit der flachen Hand leicht andrücken, sodass die Schale leicht aufbricht. Mit Olivenöl einreiben, würzen und von allen Seiten direkt knusprig grillen.

Das fertige Hähnchen vom Grill nehmen und zerteilen. Da die Keulen mehr Garzeit benötigen, müssen diese eventuell noch ein paar Minuten länger auf den Grill.

FISCH

FISCHERS FRITZE grillt frische Fische. Und was grillen Sie? Hier lassen wir Inspirationen für Lachs, Wolfsbarsch und Thunfisch vom Haken

Fische

& Meerestiere

Steak und Bratwurst bekommen heiße Konkurrenz: Denn Fische und Meerestiere schmecken köstlicher, als so mancher Chef-Griller erlaubt. Wichtig: gekühlt aufbewahren

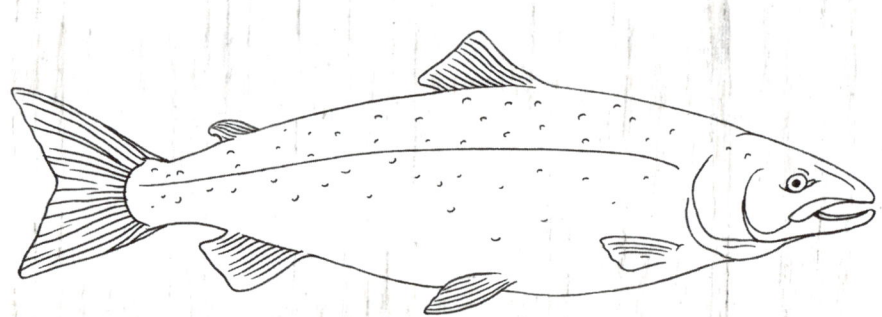

Lachs

Okay, wir kennen ihn aus der Pfanne, aus dem Ofen oder sogar roh als Sushi und Sashimi. Aber echte Fans bereiten ihren Lachs auf dem Grill zu. Dazu eignen sich besonders gut Lachsfilets mit Haut oder Lachssteaks im Butterfly-Schnitt. Aber auch eine ganze gegrillte Lachsseite mit vielen Kräutern ist köstlich.

Wolfsbarsch

Wolfsbarsch, auch „Loup de mer" genannt, eignet sich ganz oder als Filet hervorragend zum Grillen. Achten Sie darauf, dass das Exemplar nicht zu groß für Ihre Grillzange ist. Wolfsbarsche können in freier Wildbahn bis zu einen Meter lang werden.

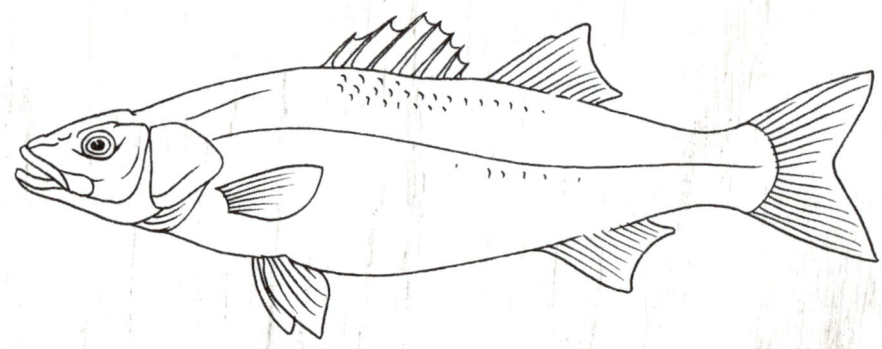

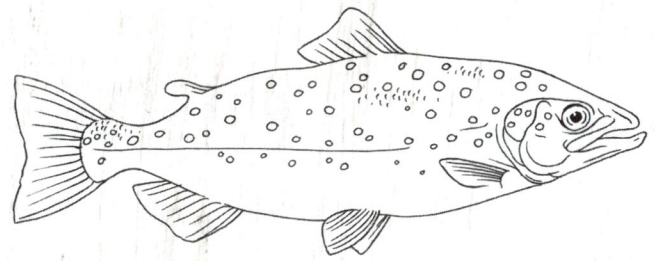

Forelle

Ihr weiches und zartes Fleisch verlangt vom Griller viel Fingerspitzengefühl, denn das Fleisch zerfällt sehr leicht. Deshalb lieber eine Grillzange verwenden: Da bleibt nichts kleben und fällt nichts heraus.

Dorade

Sie hat eher festes Fleisch und eignet sich daher gut für den Grill. Am besten kommt sie im Ganzen in der Grillzange auf den Rost. Man kann sie auch direkt auf den Grill legen, wenn sie vorher gut eingeölt wurde. So bleibt die Haut nicht am Rost kleben.

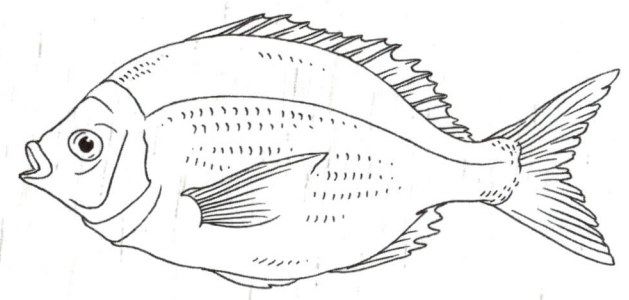

Thunfisch

Eine echte Alternative zum Rindersteak ist ein rosa Thunfischsteak. Achten Sie darauf, dass er mit der Handleine oder der Angel gefangen wurde. Blauflossenthun und roter Thun sind besonders bedrohte Arten, die geschützt werden sollten und nicht auf den Grill gehören.

Calamari

Keinerlei „Zerfallsgefahr" droht beim Grillen von Calamariringen, Tuben oder der Arme von Tintenfischen, denn sie haben eine feste Konsistenz. Von „Gummi" kann nach dem Grillen übrigens keine Rede mehr sein: Richtig gegart sind sie herrlich zart.

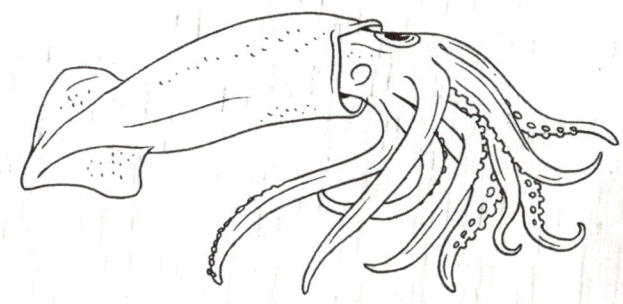

Garnele

Meeresfrüchte wie Garnelen sorgen für zusätzliche Abwechslung auf dem Grill. Damit sie nicht durch den Rost fallen, werden sie am besten aufgespießt oder in Aluschalen gegrillt. Mit etwas Öl bepinselt, bleiben sie schön saftig.

GANZE Lachsseite
MIT GEGRILLTEN GURKEN UND SCHWARZEN BOHNEN

ZUTATEN

1 Lachsseite mit Haut
(ca. 1 kg)

1 Bio-Zitrone in Scheiben
geschnitten

Kräutermischung

3 Zweige Oregano

5 Zweige Thymian

5 Zweige Rosmarin

5 Zweige Estragon

1/2 Bund Petersilie

3 TL Meersalz

3 TL schwarzer Pfeffer

PERSONEN
6

VOR-
BEREITUNG
45 Min.

GRILLZEIT
20 Min.

IN DER MITTE DER LACHSSEITE KÖNNEN NOCH GRÄTEN STECKEN. STREICHEN SIE VOM SCHWANZ ZUM KOPF ÜBER DAS FLEISCH UND ZIEHEN SIE MÖGLICHE GRÄTEN MIT DER PINZETTE HERAUS

Gurken-schwarze-Bohnen-Salat

2 Salatgurken

Saft von 1 Limette

Salz, Pfeffer

3–4 TL schwarze Bohnen

2 EL Sojasauce

1 TL Fischsauce

1 gehackte Chilischote

2 EL Sake

1 EL gehackter Koriander

2 EL Olivenöl

Salz, Pfeffer

1 Tomate

Öl zum Einölen

ZUBEREITUNG

Fisch waschen und trocken tupfen. Die Kräuter zupfen, hacken, mit den Gewürzen mischen und auf der Lachsseite gleichmäßig mit den Zitronenscheiben verteilen. Alles leicht andrücken.

Die Gurken schälen, entkernen, halbieren und in 3–4 lange Streifen schneiden.

Die Tomate waschen, halbieren und vierteln.

Die Lachsseite indirekt und geschlossen bei ca. 160 Grad ungefähr 20 Minuten auf der Hautseite grillen.

Die Gurken etwas einölen und bei direkter Hitze gleichmäßig von beiden Seiten grillen, bis sie etwas Farbe bekommen haben.

Tomate und Gurken mit den schwarzen Bohnen mischen und mit den restlichen Zutaten marinieren.

Den Salat für ca. 10 Minuten ziehen lassen, bis der Fisch fertig gegrillt ist. Alles zusammen auf Tellern anrichten und servieren.

WOLFS-BARSCHFILETS
mit Salz-Zitronen-Öl

FISCH FILETIEREN:
1.) KOPF ABTRENNEN.
2.) MIT DEM FILETIER-MESSER NEBEN DER RÜCKENFLOSSE BIS ZUR MITTELGRÄTE SCHNEIDEN.
3.) DAS FILET QUER VOM KOPFENDE RICHTUNG SCHWANZ ÜBER DIE MITTELGRÄTE ABSCHNEIDEN.
4.) MITTELGRÄTE MIT SCHWANZ ABTRENNEN.
5.) GRÄTEN DER BAUCHHÖHLE ENTFERNEN UND FILET-RÄNDER SÄUBERN

ZUTATEN

12 Wolfsbarschfilets (à ca. 100 g)

Saft von 1 Zitrone

Salz, Pfeffer

etwas Öl zum Einölen

Salz-Zitronen-Öl

3 Bio-Zitronen

50–60 g feines Meersalz

6 frische Lorbeerblätter

500 ml Olivenöl

PERSONEN
6

VORBEREITUNG
90 Min.

GRILLZEIT
6 Min.

ZUBEREITUNG

Das Salz-Zitronen-Öl mindestens 5 Tage zuvor zubereiten. Dafür die Zitronen waschen und trocken tupfen. Mit einem scharfen Messer seitlich der Länge nach 4–5-mal ca. 1 cm einschneiden. Einschnitte durch Druck auf die Zitrone öffnen und mit Salz füllen. Zitronen und Lorbeerblätter in ein hohes Gefäß geben und mit ca. 2 Liter kochendem Wasser übergießen, abkühlen lassen und verschließen. Zitronen mindestens 5 Tage und maximal 3 Wochen ziehen lassen. Dabei kühl lagern.

Die Wolfsbarschfilets waschen, trocken tupfen, würzen, die Fleischseite mit der Zitrone beträufeln und die Hautseite leicht einölen.

Die Zitronen aus dem Gefäß herausnehmen, abtropfen lassen, fein hacken, mit dem Olivenöl mischen und 20 Minuten ziehen lassen. Das Öl probieren und eventuell noch mal nachwürzen oder etwas Zucker dazugeben.

Dann bei mittlerer Glut – man sollte die Hand drüberhalten und bis 5 zählen können – zunächst 4 Minuten auf der Hautseite grillen. Anschließend wenden und 2 Minuten auf der Fleischseite fertig grillen.

Salz-Zitronen-Öl über dem fertigen Fisch verteilen.

Thunfisch-spieße

IN SOJA-ERDNUSS-MARINADE

mit Kräutersalat

ZUTATEN

800 g Thunfisch
1 rote Paprikaschote
1 gelbe Paprikaschote
10 cm frischer Ingwer
4 Metallspieße

Marinade

40 g geröstete Erdnüsse
1 TL Fenchelsamen
2 TL Koriandersamen
1 TL Chiliflocken
2 TL süße Sojasauce
3 EL schwarzer Essig
6 EL Sojasauce
2 EL Fischsauce
6 EL Sake

Kräutersalat

2 Romana-Salatherzen
1 Handvoll Rucola
6 Zweige Estragon
4 Zweige Fenchelkraut
1 kleines Bund Petersilie
Salz, Pfeffer
8 Blätter Minze
3–4 EL Olivenöl
Saft von 1 Zitrone

PERSONEN 4

VORBEREITUNG 50 Min.

GRILLZEIT 2–3 Min.

ZUBEREITUNG

Alle Zutaten für den Kräutersalat putzen, waschen und gut in einem Sieb abtropfen lassen. Den Salat mischen und nach Geschmack mit Salz und Pfeffer würzen, mit Olivenöl und Zitronensaft mischen und kalt stellen.

Den Fisch waschen und trocken tupfen. Thunfisch in 4 Steaks schneiden. Die Steaks wiederum in jeweils 4–5 gleich große Würfel schneiden. Paprika waschen und in grobe Stücke schneiden. Ingwer in ca. 16 Scheiben schneiden.

Inzwischen Erdnüsse, Fenchelsamen, Koriander und Chiliflocken für die Marinade im Mörser zerstoßen, mit den restlichen Zutaten für die Marinade mischen und 20 Minuten ziehen lassen.

Thunfisch, Paprika und Ingwer auf die Spieße stecken und 30 Minuten marinieren.

Nach Ende der Marinierzeit die Thunfischspieße heiß und direkt ca. 2–3 Minuten von jeder Seite grillen. Spieße vom Grill nehmen, die restliche Marinade darübergeben und zusammen mit dem Kräutersalat servieren.

Rosa THUNFISCH
im Pfeffermantel
mit Wasabi-Schmand

ZUTATEN

600 g Thunfisch
(am Stück)

1 Limette

Olivenöl zum Einölen

Pfeffermischung

1 EL gehackter, frischer
Koriander

8 g schwarzer Pfeffer

1 EL Fenchelsamen

1 EL Knoblauchflocken

10 g roter Pfeffer

2 TL Szechuanpfeffer

5 g Kaffeebohnen

1 EL Meersalz

Wasabi-Schmand

5 EL Schmand

2 EL Joghurt

Saft von 1 Limette

10 g Wasabi-Paste

1 TL gehackter, frischer
Koriander

PERSONEN
4

VOR-
BEREITUNG
30 Min.

GRILLZEIT
3–5 Min.

ZUBEREITUNG

Die Zutaten für die Pfeffermischung im Mörser zerstoßen. Die Zutaten für den Wasabi-Schmand gut miteinander vermengen.

Den Thunfisch waschen und trocken tupfen. Etwas einölen und gleichmäßig von allen Seiten mit der Pfeffermischung einreiben. Die Pfeffermischung leicht andrücken und den Thunfisch anschließend ca. 3–5 Minuten von allen Seiten gleichmäßig und direkt angrillen. Immer wieder wenden.

Anschließend an den Rand legen und ein paar Minuten ruhen lassen. Filet in ca. 2 cm dicke Scheiben schneiden, mit dem Wasabi-Schmand und Limettenschnitzen servieren.

WENN SIE KEIN GANZES THUNFISCHFILET AUF DEN GRILL LEGEN MÖCHTEN, KÖNNEN SIE AUCH EINZELNE STEAKS IN DER PFEFFERMISCHUNG WENDEN. DIE GRILLZEIT VERRINGERT SICH DANN ETWAS

Ganze
DORADE
mit Radieschen-Salsa

ZUTATEN

4 Doraden

4 Zweige Thymian

4 Zweige Rosmarin

Salz, Pfeffer

3 TL Fenchelsamen

etwas Öl

1 Bio-Zitrone

Radieschen-Salsa

80 g frische Radieschen

1 EL Erdnüsse

50 g Petersilie

Salz, Pfeffer

1 kleine Knoblauchzehe

60 ml Olivenöl

80 ml Pflanzenöl

2 EL Rotweinessig

50 g Honig

ZUBEREITUNG

Doraden waschen, trocken tupfen und auf jeder Seite mit einem Messer dreimal nebeneinander von oben nach unten einritzen.

Zitrone waschen und in 8 Scheiben schneiden. Die Doraden von innen würzen, mit den Kräutern und den Zitronenscheiben füllen. Die Doraden am besten in Fischzangen einspannen.

Anschließend 10–12 Minuten von jeder Seite direkt bei mittlerer Hitze knusprig grillen.

Inzwischen alle Zutaten für die Radieschen-Salsa gut miteinander vermengen und mit dem Stabmixer fein pürieren. Nochmals abschmecken.

Dorade mit der Radieschen-Salsa servieren.

PERSONEN
4

VOR-
BEREITUNG
30 Min.

GRILLZEIT
10–12 Min.

Lachskotelett

MIT OLIVEN-TAPENADE UND
Kartoffel-Paprika-Stampf

DAMIT DIE BAUCH-ENDEN DES KOTELETTS NICHT VERBRENNEN ODER ABFALLEN, KÖNNEN SIE SIE MIT EINEM ZAHNSTOCHER ZUSAMMENSTECKEN. SO BEHÄLT DER FISCH BEIM GRILLEN SEINE FORM. ZAHNSTOCHER VOR DEM SERVIEREN EINFACH ENTFERNEN

PERSONEN
6

VOR-BEREITUNG
50 Min.

GRILLZEIT
7–8 Min.

ZUTATEN

6 Lachskoteletts

Salz, Pfeffer

Öl zum Einölen

6 Holzspieße

Oliven-Tapenade

200 g schwarze Oliven

1 EL Salzkapern

2 Knoblauchzehen

1 TL Kräuter der Provence

4 EL Olivenöl

Kartoffel-Paprika-Stampf

1 kg mehligkochende Kartoffeln

150–200 ml Milch

Salz

Muskat

2 rote Paprikaschoten

2 TL Paprikapulver

100 g Butter

ZUBEREITUNG

Alle Zutaten für die Oliven-Tapenade mischen und mit dem Stabmixer fein pürieren.

Die Kartoffeln schälen, weich kochen, abgießen und ausdampfen lassen.

Die Paprikaschoten so lange grillen, bis sie von allen Seiten schwarz sind. Dann unter kaltem Wasser die Haut abspülen, die Kerne entfernen und die Paprika fein würfeln.

Fisch waschen und trocken tupfen. Koteletts würzen. Anschließend direkt und geschlossen bei mittlerer Hitze 7–8 Minuten grillen. Zwischendurch wenden. Wer den Lachs lieber etwas rosig möchte, grillt ihn nur 5–6 Minuten.

In der Zwischenzeit die Milch aufkochen und mit der Butter zu den Kartoffeln geben. Mit einem Kartoffel-stampfer alles grob zerstampfen. Mit Salz, Paprikapul-ver und Muskat würzen. Zum Schluss die Paprikawür-fel unterheben. Falls das Kartoffelstampf zu trocken sein sollte, noch etwas heiße Milch zugeben.

STECKERL-FISCH

AM BESTEN SIND SELBST GESCHNITZTE SPIESSE, DIE LANG GENUG SIND, DASS SIE LINKS UND RECHTS ÜBER DEN OFFENEN GRILL HÄNGEN

ZUTATEN

6 ganze, ausgenommene Regenbogenforellen (à ca. 500 g)

6 lange, stabile Holzspieße

6 kleine Zweige Lorbeer

Gewürzmischung

3 EL Fenchelsamen

2 TL Pimentkörner

3 Knoblauchzehen

1 EL Meersalz

Schale von 2 Bio-Zitronen

5 Zweige Rosmarin

ZUBEREITUNG

Für die Gewürzmischung Fenchelsamen, Pimentkörner und Meersalz im Mörser zerstoßen. Knoblauch und Rosmarin fein hacken. Zitronenschale fein abreiben und alle Zutaten mischen.

Die Forellen waschen, trocken tupfen, auf jeder Seite dreimal einschneiden und mit der Gewürzmischung würzen. Die Gewürze auf der Fischhaut leicht andrücken und die Lorbeerzweige in die Bauchhöhlen stecken. Holzspieße anspitzen und Forellen der Länge nach aufstecken. Dafür die Spieße durch das Fischmaul an der Rückengräte entlang bis zum Schwanz durchstechen. Ohne Rost über den offenen Grill hängen und ungefähr 10–15 Minuten grillen. Mehrmals drehen.

Als Beilage isst man in Bayern Brezeln oder Semmeln zum Steckerlfisch.

PERSONEN
6
VOR-
BEREITUNG
45 Min.
GRILLZEIT
10–15 Min.

ZUTATEN

1 kg frische Calamari mit Kopf

Salz, Pfeffer

Saft von 1 Limette

4 EL Olivenöl

etwas Öl zum Marinieren

Spicy-Mango-Salat

1 Mango

1 Tomate

1 kleine Chilischote

1 TL schwarze Bohnen

Saft von 1 Limette

2–3 EL Sojasauce

2 EL Fischsauce

2 EL Olivenöl

2 EL gehackter Koriander

Gegrillte CALAMARI
MIT SPICY-MANGO-SALAT

ZUBEREITUNG

Für den Spicy-Mango-Salat die Mango schälen und mit einem Sparschäler bis zum Kern lange Streifen herunterschälen. Tomate waschen und vierteln. Die Chilischote klein schneiden. Alle Zutaten vorsichtig miteinander vermengen. Salat kalt stellen.

Die Calamari putzen, waschen und die Köpfe vom Rumpf trennen. Alles etwas einölen. Die Calamarikörper anschließend im Ganzen ca. 5–6 Minuten von allen Seiten bei direkter Hitze grillen. Die Köpfe ebenfalls grillen, sie brauchen ca. 10 Minuten.

Fertig gegrillte Calamari würzen, Olivenöl und Limettensaft darüber geben.

PERSONEN
6

VOR-BEREITUNG
30 Min.

GRILLZEIT
5–10 Min.

GANZE TINTENFISCHE BEKOMMEN SIE AN
FRISCHFISCHTHEKEN. SIE LASSEN SICH GUT
AUF VORRAT EINFRIEREN. SIE KÖNNEN
NATÜRLICH AUCH GANZE GEFRORENE
EXEMPLARE KAUFEN UND VORHER AUFTAUEN

Tigergarnelen-spieße

UND PAPRIKA-SALSA-VERDE

ZUTATEN

ca. 600 g Tigergarnelen
(küchenfertig, ohne Schale)

1 Zucchini

12 Kirschtomaten

Salz, Pfeffer

Saft von 1 Zitrone

3 EL Olivenöl

Öl zum Einölen

4 Metallspieße

Salsa verde

1 kleines Bund Petersilie

1 kleines Bund Basilikum

2 Knoblauchzehen

Salz, Pfeffer

1 grüne Paprikaschote

1 TL Salzkapern

2 Sardellenfilets

1 EL Rotweinessig

150 ml Olivenöl

ZUBEREITUNG

Die Garnelen kurz waschen und trocken tupfen.

Die Zucchini waschen, trocken tupfen und in grobe Würfel schneiden. Tomaten waschen. Abwechselnd Zucchini, Kirschtomaten und Garnelen auf die Spieße stecken – pro Spieß ca. 4–5 Garnelen, 3–4 Tomaten und 3–4 Zucchinistücke.

Die Spieße würzen, leicht einölen und bei mittlerer Hitze direkt 4–5 Minuten von beiden Seiten grillen. Olivenöl und Zitronensaft über die fertigen Spieße geben.

Für die Salsa verde die Paprika so lange grillen, bis sie von allen Seiten schwarz ist. Dann unter fließendem Wasser die Haut abspülen und die Kerne entfernen. Zusammen mit den restlichen Zutaten für die Salsa mit dem Stabmixer pürieren. Die Salsa probieren und eventuell nachwürzen.

PERSONEN 4

VOR-BEREITUNG 30 Min.

GRILLZEIT 15 Min.

GEMÜSE

Wer hat eigentlich jemals behauptet, dass Gemüse nur ein Nebendarsteller ist? Vorhang auf, das **GRÜNZEUG** hat sich die Hauptrolle geschnappt

Gemüse

Wenn Kartoffeln, Paprika und Zucchini in Öl oder Marinade tauchen und anschließend glänzend auf den Grill springen, ist das ganz großes Gemüse-Kino. Nicht nur für Vegetarier! Aber bitte sachte, Gemüse mag nicht zu viel Hitze

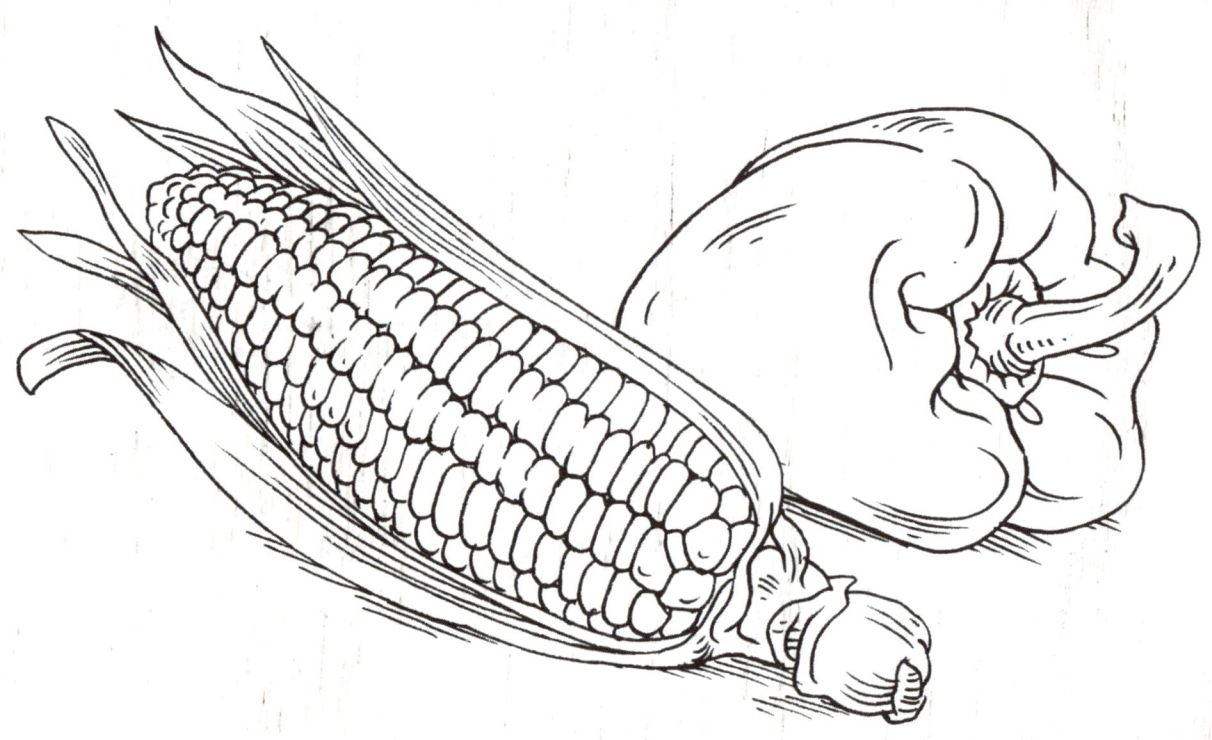

Kartoffeln

Die Knollen können Sie im Ganzen, halbiert oder in Spalten geschnitten grillen. Je nachdem wie groß die Kartoffeln oder -stücke sind, variiert die Grillzeit der rohen Knollen zwischen 40–60 Minuten (ganze Kartoffeln), 15–20 Minuten (halbe Kartoffeln) und 10–20 Minuten (Kartoffelspalten).

Kürbisse

Sogar sie eignen sich zum Grillen, vor allem im Spätsommer und im Frühherbst. Aber Kürbisse sind etwas empfindlich und verbrennen schnell. Am besten halbiert man sie und gart sie dann 40–60 Minuten bei mittlerer, indirekter Hitze. In Spalten geschnitten geht es etwas schneller.

Paprika

Die Schoten eignen sich schon allein wegen ihrer kräftigen Farben bestens für bunte Gemüsespieße. Sie können aber auch im Stück oder halbiert gegrillt werden. Achten beim Einkauf darauf, dass Sie Exemplare mit geraden Seiten erwischen, damit sie möglichst viel Auflagefläche haben und nicht vom Rost kullern.

Spargel

Die Stangen lassen sich praktisch in eine Fischgrillzange spannen. So fällt das schlanke Gemüse nicht so leicht durch den Rost. Wer keine Grillzange zur Hand hat, platziert die Spargelstangen quer zur Gitterstruktur auf dem Grillrost.

Artischocken

Die distelartigen Korbblütler können auch 10 Minuten in Salzwasser vorgekocht werden, bevor Sie sie auf den Grill legen. So brauchen sie nur noch etwa 5 Minuten auf dem Rost, trocknen nicht so schnell aus und brennen nicht an.

Maiskolben

Kinder lieben es, gegrillte Maiskolben abzuknabbern. Dafür sollten die Kolben ohne Hüllenblätter, gut gebuttert und gesalzen auf den Rost gelegt und dann etwa 10–15 Minuten gegrillt werden.

Auberginen und Zucchinis

Das mediterrane Gemüse kommt in etwa 1 cm dicke Scheiben geschnitten auf den Grill. Man gart es entweder direkt auf dem Rost liegend oder aber in Grillschalen. Das ist immer dann sinnvoll, wenn das Gemüse mit Öl mariniert wurde, denn so tropft die Marinade nicht in die Glut.

Champignons, Shiitake und Co.

Aufgespießt oder im Aluschälchen – so fallen auch kleine Pilze nicht durch den Rost. Für große Champignons ist das keine Gefahr. Mit Käse und Kräutern gefüllt sind sie ein Kracher vom Grill.

Auberginen

MIT ZIEGENKÄSE, TOMATEN-ÖL UND BALSAMICO

ZUTATEN

3 Auberginen
240 g Ziegenkäse
5 EL Olivenöl
Salz, Pfeffer
2 TL Fenchelsamen
2 Zweige Rosmarin
2 Zweige Thymian
6 TL Balsamico-Essig

Tomaten-Öl

40 g getrocknete Tomaten
15 EL Olivenöl
3 g Meersalz
Abrieb von 1/2 Zitrone
2 Knoblauchzehen, gehackt
Salz, Pfeffer

ZUBEREITUNG

Für das Tomaten-Öl die Tomaten fein hacken und mit den restlichen Zutaten mischen. Über Nacht im Kühlschrank ziehen lassen.

Auberginen waschen, trocken tupfen und halbieren. Mit Olivenöl einreiben. Salz, Pfeffer und Fenchelsamen gleichmäßig auf die Auberginen verteilen. Mit der Schnittfläche nach unten auf den Grill legen und kurz heiß angrillen. Anschließend umdrehen und mit geschlossenem Deckel 15–20 Minuten weitergrillen.

Inzwischen Rosmarin und Thymian zupfen und hacken. Ziegenkäse grob zerbröckeln.

Die Auberginen auf dem Grill mit der Schnittfläche wieder nach oben drehen. Ziegenkäse auf den Auberginenhälften verteilen. Rosmarin und Thymian drüberstreuen und jeweils einen Esslöffel Tomaten-Öl mit Tomatenstücken auf die Auberginen geben. Den Grill wieder schließen und weitere 3–5 Minuten fertig grillen.

Auberginen vom Grill nehmen, mit Balsamico-Essig beträufeln und servieren.

PERSONEN
6

VOR-BEREITUNG
20 Min.

GRILLZEIT
25 Min.

Gefüllte SPITZPAPRIKA

mit Couscous, Minze und Kräuterdip

ZUTATEN

8 rote Spitzpaprika

200 g Couscous

1 rote Zwiebel

1/2 Salatgurke

Salz, Pfeffer

400 ml Gemüsebrühe

15 Blätter frische Minze

1 TL Currypulver

7 EL Olivenöl

25 g getrocknete Tomaten

15 g Pistazien

Saft und Schale von
1 Bio-Limette

4 EL Apfelessig

Kräuterdip

150 g Crème fraîche

50 g Magerquark

50 g Joghurt

5 g Estragon

5 g Oregano

10 g Petersilie

5 g Basilikum

4 Blätter Salbei

Salz, Pfeffer

3 EL Olivenöl

2 EL Kräuteressig

PERSONEN 4

VOR-BEREITUNG 20 Min.

GRILLZEIT 25 Min.

ZUBEREITUNG

Alle Zutaten für den Kräuterdip miteinander vermengen. Fertigen Dip in den Kühlschrank stellen.

Paprika waschen, die Deckel abschneiden und die Kerne entfernen. Jede Schote mit 3 EL Olivenöl einreiben.

Gemüsebrühe mit dem Currypulver zum Kochen bringen. Den Couscous hineingeben, umrühren und vom Herd nehmen.

Zwiebel, Gurke und Tomaten in feine Würfel schneiden. Pistazien hacken. Alles zum Couscous dazugeben. Couscous mit Salz, Pfeffer, der gezupften Minze und dem Limettensaft abschmecken. Alles ein paar Minuten ziehen lassen. Dann die Paprika mit der Couscous-Masse füllen und auf dem heißen Grill kurz angrillen. Anschließend den Grill schließen und die Paprika 15–20 Minuten weitergrillen. Gelegentlich wenden.

Die gegrillte Paprika mit dem Kräuterdip anrichten.

STATT SPITZPAPRIKA KÖNNEN
SIE NATÜRLICH AUCH RUNDE
SCHOTEN NEHMEN. ACHTUNG:
SIE SIND GRÖSSER UND
NEHMEN MEHR FÜLLUNG AUF.
FAUSTREGEL: 2 SPITZPAPRIKA
= 1 GROSSE RUNDE SCHOTE

GLASIERTE
Kürbisspalten
MIT FENCHELHONIG
und Pinienkernen

ZUTATEN

1,5 kg Muskatkürbis
(ca. 1/2 Kürbis)

100 ml Olivenöl

6 EL Honig

4 Thymianzweige

50 g Pinienkerne

5 g Fenchelsamen

1 TL schwarzer Pfeffer

1 TL Meersalz

1 EL Balsamico-Essig

PERSONEN
6

VOR-
BEREITUNG
20 Min.

GRILLZEIT
25 Min.

ZUBEREITUNG

Den Kürbis in 12 gleich große Spalten schneiden. Mit Olivenöl einreiben und 20 Minuten mit geschlossenem Deckel grillen. Gelegentlich wenden.

Den Honig mit den Fenchelsamen und dem Balsamico-Essig mischen. Den Thymian zupfen und mit dem Salz und dem Pfeffer im Mörser grob zerstoßen und anschließend zum Honig dazugeben.

Kurz vor Ende der Garzeit Kürbis mit dem Fenchelhonig einstreichen und weitere 2–3 Minuten geschlossen fertig grillen.

Die Pinienkerne in einer Pfanne goldgelb anrösten.

Kürbis vom Grill nehmen, Pinienkerne drüberstreuen und servieren.

MAISKOLBEN
MIT KRÄUTERBUTTER
UND ZWEIERLEI DIP

ZUTATEN

6 Maiskolben

100 ml Olivenöl

Kräuterbutter

200 g weiche Butter

10 g Petersilie

5 g Estragon

5 g Oregano

5 g Rosmarin

10 g Basilikum

6 Blätter frische Minze

2 Zweige Rosmarin, gezupft

Salz

Pfeffer aus der Mühle

Whiskey-Apfel-Dip

1/2 Apfel

1 cl Whiskey (nach Geschmack auch mehr)

2 EL Ahornsirup

5 g Zucker

5 g Salz

5 g Pfeffer

Saft und Schale von 1 Bio-Zitrone

5 g Petersilie, gehackt

150 g Magerquark

50 g Crème fraîche

Avocado-Kapern-Dip

1 reife Avocado

10 g Salzkapern

1 rote Paprika

Saft und Schale von 1 Bio-Limette

3 g schwarzer Pfeffer (gemörsert)

1 g Fenchelsamen

1 EL Crème fraîche

2 EL Joghurt

50 ml roter Essig

2 EL Olivenöl

ZUBEREITUNG

Die Kräuter fein hacken und mit der Butter, dem Salz und dem Pfeffer gut verkneten. Butter auf einen Streifen Frischhaltefolie geben und zu einer Rolle formen. Enden zudrehen und 1 1/2 Stunden in den Kühlschrank legen.

Die Maiskolben mit Olivenöl einreiben und heiß angrillen. Dann geschlossen für ca. 30 Minuten weitergrillen. Gelegentlich wenden.

Den Apfel waschen, schälen und würfeln. Zusammen mit dem Whiskey, Ahornsirup, Zucker, Salz, Pfeffer, Zitronensaft und -schale sowie der Petersilie in ein hohes Gefäß füllen und pürieren.

Magerquark und Crème fraîche vermengen. Das Whiskey-Apfelpüree vorsichtig dazugeben und alles 20 Minuten ziehen lassen.

Die Avocado schälen, den Kern entfernen und das Fruchtfleisch in Würfel schneiden. Die Paprika im Ganzen grillen, bis sie von außen komplett schwarz ist. Vom Grill nehmen und unter kaltem Wasser die Haut abspülen. Die Kerne aus dem Inneren entfernen und die Paprika in feine Würfel schneiden.

Avocado und Paprika in eine Schüssel geben. Die restlichen Zutaten hinzufügen, alles gut miteinander vermengen und ebenfalls 20 Minuten ziehen lassen.

PERSONEN
6

VOR-BEREITUNG
30 Min.

GRILLZEIT
35 Min.

GEGRILLTE
Mini-Artischocken
MIT PESTO UND COCKTAIL-SAUCE

ZUTATEN

16 kleine Artischocken

4 EL Olivenöl

jeweils 1 TL roter und
schwarzer Pfeffer

8 Blätter frischer Salbei

Saft von 1 Zitrone

Pesto

100 ml Olivenöl

100 ml Pflanzenöl

5 g Salbei

5 g Oregano

30 g Basilikum

10 g Pinienkerne

10 g geriebener Parmesan

Salz, Pfeffer

1 TL Salzkapern

Cocktailsauce

150 g Ketchup

80 g Mayo

Salz, Pfeffer

1 TL Essig

1 TL Olivenöl

1 TL Sherry

1 TL Whiskey

Abrieb von 1 Bio-Limette

ZUBEREITUNG

Die Artischocken putzen (siehe Tipp) und halbieren.
Mit Olivenöl einölen und 15 Minuten geschlossen
grillen. Artischocken vom Grill nehmen und mit Salz,
Pfeffer und Zitronensaft würzen. Salbeiblätter zu den
Artischocken geben.

Alle Zutaten für das Pesto gut miteinander pürieren.

Alle Zutaten für die Cocktailsauce gut miteinander
vermischen.

Die gegrillten Artischocken auf Tellern jeweils mit
etwas Pesto und der Cocktailsauce anrichten.

PERSONEN
4
VOR-
BEREITUNG
20 Min.
GRILLZEIT
15 Min.

ARTISCHOCKEN PUTZEN: STIELE BIS AUF 5 CM ABSCHNEIDEN.
ÄUSSERE BLATTSPITZEN KÜRZEN, DER LÄNGE NACH HALBIEREN
UND HEU MIT EINEM LÖFFEL ENTFERNEN. ARTISCHOCKEN IN
ZITRONENWASSER AUFBEWAHREN, SOLANGE SIE DEN REST PUTZEN

Grüner SPARGEL mit Tiroler Speck

ZUTATEN

1,2 kg grüner Spargel
(ca. 4 Stangen pro Person)

6–8 Scheiben Tiroler
Speck

4 EL Olivenöl

Salz, Pfeffer

4 Tomaten

4 EL roter Essig

5 EL Olivenöl

1/2 TL Kreuzkümmel

5 g Oregano, gehackt

PERSONEN
6–8

VOR-
BEREITUNG
40 Min.

GRILLZEIT
35 Min.

ZUBEREITUNG

Spargel waschen und die Enden abschneiden. Spargel-stangen mit Olivenöl einreiben und von jeder Seite 3–4 Minuten angrillen. Vom Rost nehmen und abkühlen lassen. Mit Salz und Pfeffer würzen.

Jeweils 4 Stangen Spargel nebeneinanderlegen und mit Speck umwickeln. Im Speckmantel weitere 2–3 Minuten grillen, bis der Speck kross ist.

Die Tomaten halbieren und 10 Minuten auf dem heißen Grill geschlossen grillen. Zwischendurch wenden.

Tomaten vom Grill nehmen und grob hacken. In eine Schüssel geben und mit Essig, Olivenöl, Kreuzkümmel und Oregano gut vermengen. 20 Minuten ziehen lassen. Mit Salz und Pfeffer würzen.

Den Spargel mit der Tomaten-Vinaigrette servieren.

Portobello-BURGER

DIESEN VEGGIE-BURGER KÖNNEN SIE NATÜRLICH VARIIEREN: NEHMEN SIE STATT CHAMPIGNONS DOCH MAL EINEN TOFU-BRATLING ODER EINEN AUS LINSEN UND CURRY ODER ROTEN BOHNEN UND SPROSSEN

PERSONEN
4

VORBEREITUNG
20 Min.

GRILLZEIT
15 Min.

ZUTATEN

8 große Champignons (Portobellos)

3 große Tomaten

3 große rote Zwiebeln

4 Scheiben Chesterkäse

4 Salatblätter, z. B. Lollo bionda

4 große Burgerbrötchen

5 EL Olivenöl

Saft von 1 Zitrone

Salz, Pfeffer

2 TL brauner Zucker

2 EL Essig

Burgersauce

100 g Ketchup

30 g Mayonnaise

30 g Joghurt

Salz, Pfeffer

2 TL Essig

1/2 TL Cayennepfeffer

Saft von 1 Limette

ZUBEREITUNG

Alle Zutaten für die Burgersauce gut vermengen.

Die Pilze putzen und den Stiel abschneiden. Mit Olivenöl und Zitronensaft marinieren. Mit Salz und Pfeffer würzen. 10 Minuten stehen lassen. Dann die Pilze auf dem heißen Grill von allen Seiten gleichmäßig angrillen.

Tomaten und Zwiebeln in jeweils 12 gleich große Scheiben schneiden. Beides ebenfalls für ein paar Minuten grillen, bis es Farbe hat. Die Zwiebeln noch auf dem Grill mit dem braunen Zucker bestreuen und kurz karamellisieren lassen.

Die Tomaten und Zwiebeln vom Grill nehmen und auf einen flachen Teller legen. Mit Salz und Pfeffer würzen und mit Essig begießen.

Die Burgerbrötchen ebenfalls goldbraun angrillen. Salat putzen und waschen.

Die Burgerbrötchen mit den Pilzen, Zwiebeln, Tomaten, Salat und der Burgersauce nach Belieben belegen.

ROSMARINKARTOFFELN
IM ROHEN SCHINKENMANTEL
MIT KRÄUTERSCHMAND

ZUTATEN

1 kg festkochende, nicht zu große Kartoffeln (ca. 12–15 Stück)

ca. 30 kleine Rosmarinzweige

12–15 Scheiben roher Schinken

PERSONEN
4

VORBEREITUNG 30 Min.

GRILLZEIT 10 Min.

Kräuterschmand

250 g Schmand	
150 g Mascarpone	
5 g Estragon	
5 g Oregano	
10 g Petersilie	
4 Blätter Salbei	
1 EL Apfelessig	
2 EL Olivenöl	
Salz, Pfeffer	
Abrieb von 1 Bio-Zitrone	
1/2 TL Paprikapulver	
5 g Salzkapern	
50 ml Milch	

ZUBEREITUNG

Alle Zutaten für den Kräuterschmand gut miteinander vermengen. Falls die Masse zu fest ist, zum Schluss einen Schuss Milch zufügen. Kräuterschmand in den Kühlschrank stellen.

Kartoffeln in Salzwasser weich kochen. Abgießen, erkalten lassen und leicht andrücken. Jede Kartoffel mit einer Scheibe Schinken und jeweils 2 Zweigen Rosmarin umwickeln. Die Kartoffeln gleichmäßig von allen Seiten heiß angrillen, bis sie Farbe haben und der Schinken schön kross ist.

Kartoffeln vom Grill nehmen und mit dem Schmand servieren.

Nuss-Polenta-Schnitten
MIT PAPRIKASALSA

ZUTATEN

30 g Parmesan (am Stück)

12 Blätter Basilikum

4 EL Olivenöl

Nuss-Polenta

200 g Polentagrieß

500 ml Gemüsebrühe

200 ml Milch

Salz, Pfeffer

20 g Parmesan (gerieben)

50 g Butter

30 g gehackte Walnüsse

4 EL Olivenöl

Paprikasalsa

3 rote Paprikaschoten

2 Knoblauchzehen

1 TL Salzkapern

1 Zweig Rosmarin

3 EL roter Essig

3 EL Olivenöl

ZUBEREITUNG

Milch und Gemüsebrühe in einen Topf geben und aufkochen lassen. Polentagrieß einrühren und den Topf vom Herd nehmen. Die restlichen Zutaten für die Nuss-Polenta unterrühren.

Die Polenta auf ein flaches Blech streichen und erkalten lassen. Dann in dreieckige Stücke schneiden und von beiden Seiten ca. 5 Minuten angrillen, bis die Polenta goldbraun ist.

Die Paprikaschoten im Ganzen so lange grillen, bis sie von allen Seiten schwarz sind. Paprika vom Grill nehmen und die Haut unter kaltem Wasser abspülen. Die Kerne entfernen und die Paprika fein hacken. Knoblauch, Rosmarin und Salzkapern ebenfalls fein hacken und mit der Paprika vermischen. Essig und Olivenöl hinzugeben und mit Salz und Pfeffer würzen.

Die gegrillte Nuss-Polenta mit der Paprikasalsa anrichten und mit den Basilikumblättern verzieren. Den Parmesan grob darüberraspeln. Alles mit 4 EL Olivenöl beträufeln.

PERSONEN
4

VOR-
BEREITUNG
60 Min.

GRILLZEIT
5 Min.

ZUBEREITUNG

Hefe und Zucker in 200 ml lauwarmem Wasser auflösen. Das Mehl in eine Schüssel geben und mit der Faust eine Mulde in die Mitte formen. Die aufgelöste Hefe in die Mulde geben und 15 Minuten gehen lassen.

Die aufgegangene Hefe vorsichtig in das Mehl einarbeiten. Nach und nach Wasser, Olivenöl und Salz dazugeben. Alles zu einem glatten Teig verkneten.

Den fertigen Teig erneut eine halbe Stunde gehen lassen.

Teig in 6 Teile teilen und dünn auf ca. 20 cm Durchmesser ausrollen. Den Fladen bei indirekter Hitze auf dem Grill ca. 40 Sekunden von beiden Seiten grillen. Vorsichtig mit einem großen Pfannenwender umdrehen. Der Teig kann ruhig etwas Farbe bekommen.

Wichtig: Direkt unter der Pizza darf keine Glut sein.

Den fertigen Pizzaboden belegen und nochmals ca. 2 Minuten abgedeckt auf dem Rost bei indirekter Hitze fertig backen, so dass der Käse schön zerläuft. Ganz zum Schluss den frischen Basilikum auf der Piadina verteilen.

PERSONEN
6
VOR-BEREITUNG
60 Min.
GRILLZEIT
5 Min.

VEGETARISCHE

Piadina

VOM GRILL

ZUTATEN

Teig

800 g Mehl

40 g Hefe

20 g Salz

1 Prise Zucker

4 EL Olivenöl

500 ml lauwarmes Wasser

Belag

1 Dose Tomaten in Stücken

3–4 frische Tomaten in Scheiben

3 Packungen Mozzarella, in Scheiben geschnitten

Salz, Pfeffer

1 Bund Basilikum

6 EL Olivenöl

Obst & DESSERTS

Obst macht sich gut auf der Glut. Glauben Sie nicht? Diese Rezeptideen *versüßen* Ihre Grill-Party garantiert

Früchte

Heiße Zeiten für frische Früchte: Ananas,
Banane und Melone wandern ab jetzt
nicht mehr in den Obstsalat, sondern
direkt auf den Rost. Experimentierfreudig?
Früchte mit Basilikum, Rosmarin oder
Pfeffer würzen. Zuckerschnute? Obst mit
Zucker bestreuen und in der Grill-Hitze
karamellisieren lassen

Ananas

Die Tropenfrucht kann sehr gut in Stücke geschnitten, auf Spieße gezogen oder in Scheiben geschnitten gegrillt werden. Gern wird sie mit etwas Zucker bestreut oder mit Honig bestrichen.

Bananen

Sie sind ein Klassiker vom Grill: Bananen kommen am besten in der Schale auf den Rost. Sobald diese schwarz wird, ist die Grill-Banane gar.

Äpfel

Bratäpfel schmecken herrlich nach Weihnachten. Aber mit Limetten oder Kaffeebohnen wird ein echtes Sommer-Dessert daraus. Damit sie auf dem Grill nicht hin- und her kullern ist es ratsam, sie unten ein Stückchen abzuschneiden, bevor man sie auf dem Rost platziert. In Spalten geschnitten schmecken sie auch gut auf gegrillten Obstspießen.

Nektarinen und Pfirsiche

Halbiert haben die Steinfrüchte den Vorteil, dass Sie sie mit allerhand Leckereien füllen können. Der Stein lässt sich leichter lösen, wenn das Fruchtfleisch noch nicht so weich ist.

Wassermelonen

Natürlich wandern sie nicht im Ganzen, sondern besser in Scheiben geschnitten auf den Grill. Besonders gut schmecken sie, wenn man sie pfeffert.

Feigen

Die feinen Früchtchen lassen sich sehr gut im Ganzen auf den Grill legen. Entweder direkt auf den Rost bei etwas weniger Resthitze am Ende des Grillabends oder in einer Grillschale.

Mangos

Geschält und halbiert kommen Mangos direkt auf den Rost. In kleine Stückchen geschnitten, grillen Sie sie am besten im Aluschälchen oder auf Spießen.

GEGRILLTE
WASSERMELONE
MIT SCHAFSKÄSE
UND ZITRONENMELISSE

ZUTATEN

1 Wassermelone
(ca. 1,5 kg)

500 g Schafskäse

200 ml Olivenöl

Saft von 1 Zitrone

1 EL schwarzer Pfeffer

10 Blätter frische
Zitronenmelisse

ZUBEREITUNG

Die Wassermelone in 12 gleich große Stücke schneiden und mit Zitronensaft und dem Olivenöl marinieren.

Die marinierten Melonenstücke ca. 5 Minuten von jeder Seite auf dem heißen Grill angrillen. Dabei darauf achten, dass sie nicht zu dunkel werden.

Den schwarzen Pfeffer im Mörser zerstoßen und über die gegrillte Melone streuen. Schafskäse grob zerbröckeln und mit der gezupften Zitronenmelisse ebenfalls über die Melonen verteilen. Alles mit etwas Olivenöl beträufeln.

PERSONEN
6
VOR-
BEREITUNG
30 Min.
GRILLZEIT
10 Min.

GEGRILLTE
Nektarinen
MIT ZIEGENFRISCHKÄSE

ZUTATEN

6 frische Nektarinen
(nicht zu weich)

220 g Ziegenfrischkäse

1 EL roter Pfeffer

2 EL Olivenöl

2 Zweige Rosmarin

3–4 EL Honig

Saft und Schale von
1 Bio-Zitrone

1 EL Fischsauce

100 ml Sherry

PERSONEN
6

VOR-
BEREITUNG
30 Min.

GRILLZEIT
7 Min.

ZUBEREITUNG

Die Nektarinen waschen, trocken tupfen, halbieren
und die Kerne entfernen. Sherry und Olivenöl mischen
und die Nektarinen darin 20 Minuten einlegen.

Die Nektarinen mit der Schnittfläche auf den heißen
Grill legen und 5 Minuten geschlossen grillen. Dann
umdrehen und weitere 2 Minuten auf der Hautseite
fertig grillen.

Den Ziegenfrischkäse zerbröckeln und die fertigen
Nektarinen damit füllen. Honig, roten Pfeffer,
Fischsauce, Zitronenschale und den Zitronensaft
miteinander verrühren. Rosmarin hacken und zur
Honigmischung geben.

Die Honigmischung über den Nektarinen und dem
Ziegenkäse verteilen und servieren.

GEFÜLLTE ÄPFEL
vom Grill

ZUTATEN

6 kleine Äpfel

120 g Cantuccini

2 EL Olivenöl

Saft und Schale von
1 Bio-Limette

1 Prise Meersalz

2 EL Ahornsirup

2 EL Madeira-Wein

1 EL Kaffeebohnen

1 EL roter Pfeffer

1 TL brauner Zucker

ZUBEREITUNG

Die Oberseite der Äpfel gerade abschneiden und mit einem runden Ausstecher aushöhlen.

Die Cantuccini mit dem Limettensaft, der Limetten-schale, dem Madeira-Wein und Meersalz vermengen. Cantuccini-Masse in die Äpfel füllen. Die gefüllten Äpfel mit Olivenöl beträufeln und auf den heißen Grill stellen. 10 Minuten geschlossen grillen. Kurz vor dem Ende der Garzeit die Äpfel mit dem Ahornsirup einstreichen und nochmals 2–3 Minuten geschlossen fertig grillen.

Die Kaffeebohnen, den roten Pfeffer und den braunen Zucker im Mörser zerstoßen und über die fertigen Äpfel streuen.

SCHNEIDEN SIE ETWAS VON DER UNTERSEITE DER ÄPFEL AB, DAMIT SIE SCHÖN AUFRECHT STEHEN UND NICHT VOM ROST ROLLEN

PERSONEN
6

VOR-BEREITUNG
30 Min.

GRILLZEIT
12–13 Min.

Ananas-Spieße

MIT HONIG-MINZGLASUR UND PISTAZIEN

ZUTATEN

1 frische Ananas

8 Blätter grob gehackte, frische Minze

4 EL Honig

Saft von 1/2 Zitrone

3 EL Olivenöl

2 EL Apfelessig

2 TL Pistazien

6–8 Spieße

PERSONEN
6-8
VOR-
BEREITUNG
30 Min.
GRILLZEIT
18 Min.

ZUBEREITUNG

Ananas schälen, halbieren und den Strunk entfernen. Die Ananashälften vierteln und in ca. 3 x 3 cm große Würfel schneiden. Ananaswürfel auf einem Teller mit dem Apfelessig marinieren. Jeweils 4–5 Stücke auf je einen Spieß stecken.

Minze hacken und mit dem Honig und der Zitrone verrühren. Die Pistazien im Mörser grob zerstoßen.

Die Spieße auf dem heißen Grill 10–15 Minuten gleichmäßig von allen Seiten angrillen. Kurz vor dem Ende der Garzeit mit dem Minzhonig einstreichen und weitere 2–3 Minuten fertig grillen.

Die Spieße auf einer Platte anrichten und mit dem Olivenöl beträufeln. Gehackte Pistazien drüberstreuen.

ANANAS SCHÄLEN: OBERTEIL MITSAMT DER BLÄTTER ABSCHNEIDEN. FRUCHT AUFRECHT HINSTELLEN UND SCHALE VON OBEN NACH UNTEN ABSCHNEIDEN. ANANAS VIERTELN, STRUNK HERAUSSCHNEIDEN UND IN 2 BIS 3 CM DICKE STÜCKE SCHNEIDEN

ZUTATEN

- 6 frische Feigen
- 2 TL brauner Zucker
- 5 EL Balsamico-Essig
- 300 g Mascarpone
- 200 g Schlagsahne
- 1 Pck. Vanillezucker
- 100 g Zucker
- Saft von 1 Zitrone
- 3 Vanilleschoten

PERSONEN
6
VOR-
BEREITUNG
30 Min.
GRILLZEIT
8–10 Min.

Gegrillte FEIGEN
mit Vanille-Mascarponecreme

NEHMEN SIE NICHT ZU REIFE FEIGEN ZUM GRILLEN. DEN PERFEKTEN REIFEGRAD ERKENNEN SIE DARAN, DASS DIE FRÜCHTE AUF FINGERDRUCK LEICHT NACHGEBEN, EINE FESTE SCHALE HABEN UND FRUCHTIG DUFTEN. ZU REIFE FEIGEN WERDEN SCHNELL MATSCHIG UND ZERFALLEN AUF DEM GRILL

ZUBEREITUNG

Die Feigen vorsichtig waschen, trocken tupfen. Halbieren und mit dem Zucker sowie dem Balsamico-Essig marinieren.

Die marinierten Feigen mit der Schnittfläche nach unten auf den heißen Grill legen und 8–10 Minuten geschlossen grillen.

Vanilleschoten halbieren und das Mark mit einem Messer auskratzen. Mascarpone in eine Schüssel geben und mit Vanillezucker, Zucker, Zitronensaft und dem Vanillemark gut vermengen.

Die Sahne steif schlagen und vorsichtig unter die Mascarponecreme heben. Die fertigen Feigen mit der Mascarponecreme servieren.

GEGRILLTE
Pfirsiche
MIT AMARETTINI UND
Vanilleeis

PERSONEN
6

VOR-
BEREITUNG
20 Min.

GRILLZEIT
5 Min.

ZUTATEN

6 Pfirsiche

100 g Amarettini

6 Blätter frische Minze, grob gezupft

20 g Puderzucker

500 g Vanilleeis

Reduktion

300 ml Orangensaft

1 TL brauner Zucker

Saft von 1 Zitrone

ZUBEREITUNG

Die Pfirsiche halbieren und vorsichtig die Kerne entfernen. Die Amarettini grob im Mörser zerstoßen.

Den braunen Zucker in einem Topf karamellisieren und mit dem Orangensaft und dem Zitronensaft ablöschen. Alles zu einer sirupartigen Konsistenz einkochen und dann erkalten lassen. Ca. 2 EL von der so entstandenen Reduktion abfüllen und beiseitestellen. Die gestoßenen Amarettini mit der Minze, dem Puderzucker und anschließend mit der restlichen Reduktion gut vermengen.

Die halbierten Pfirsiche 3–5 Minuten mit der Schnittfläche nach unten heiß angrillen. Die noch heißen Pfirsiche mit der beiseitegestellten Reduktion bestreichen und mit der Amarettini-Masse füllen.

Pfirsiche und Vanilleeis zusammen anrichten.

NOCH FLEISCHRESTE AUF DEM ROST? EINFACH DEN DECKEL SCHLIESSEN, BIS DER ROST HEISS IST. MIT DER DRAHTBÜRSTE DIE RESTE ENTFERNEN. SCHON IST DER GRILL BEREIT FÜR WAS SÜSSES

BEILAGEN

Selbst das beste Steak und das knusprigste Hähnchen freuen sich über köstliche Gesellschaft. Diese bunten **SALATE** sind immer eine perfekte Begleitung

KARTOFFELSALAT MIT OLIVEN UND ZITRONEN-SCHALE

ZUTATEN

1,2 kg festkochende Kartoffeln (nicht zu große)

2 rote Zwiebeln

1 Knoblauchzehe

1 EL brauner Zucker

12 grüne Oliven

Salz, Pfeffer

Muskat

1 kleines Bund Petersilie

100 ml Gemüsebrühe

2 EL körniger Senf

4 EL Olivenöl

5 EL Rotweinessig (nach Geschmack auch gerne mehr)

Schale von 2 Bio-Zitronen

ZUBEREITUNG

Die Kartoffeln bissfest kochen. Abgießen und etwas auskühlen lassen. Dann halbieren und von beiden Seiten auf dem heißen Grill 5 Minuten kross grillen.

Den braunen Zucker in einer Pfanne erhitzen, bis er flüssig ist. Zwiebeln in Ringe schneiden, Knoblauch hacken, die Oliven halbieren und mit der Zitronen-schale zum Zucker geben. Alles gut durchschwenken. Mit Essig ablöschen und mit Gemüsefond auffüllen. Senf dazugeben. Mit Salz, Pfeffer und Muskat würzen. Das Ganze etwa 5 Minuten köcheln lassen.

Die Kartoffeln in grobe Stücke teilen. Den Zucker-Gemüse-Fond über die Kartoffeln gießen und alles 20 Minuten ziehen lassen.

Zum Schluss gehackte Petersilie und Olivenöl zugeben und alles noch mal gut durchmengen. Nach Geschmack noch etwas Essig zugeben.

PERSONEN
6
VOR-BEREITUNG
45 Min.
GRILLZEIT
5 Min.

- 168 -

Saftiger GEMÜSE-COUSCOUS-Salat

ZUTATEN

300 g Couscous
600 ml Gemüsebrühe
1/2 rote Paprikaschote
1/2 Salatgurke
1 Karotte

1 rote Zwiebel
Salz, Pfeffer
4 EL Essig
4 EL Olivenöl
1 TL Cayennepfeffer
1 TL Currypulver
40 g Pistazien
1 TL roter Pfeffer
6 getrocknete Tomaten
20 g gehackte Petersilie
2 Knoblauchzehen

PERSONEN
6
VOR-
BEREITUNG
30 Min.
GRILLZEIT
keine

ZUBEREITUNG

Gemüsebrühe mit Currypulver zum Kochen bringen. Couscous hinzugeben, umrühren und von der Herdplatte nehmen.

Paprika, Gurke, Karotte, getrocknete Tomaten und Zwiebel fein würfeln. Pistazien, Knoblauch, roten Pfeffer und Petersilie hacken. Alles zum Couscous geben und unterrühren. Zum Schluss mit Salz, Pfeffer, Olivenöl, Cayennepfeffer und Essig abschmecken.

Den Salat 20 Minuten ziehen lassen.

GRÜNE *Bohnen*
MIT KARTOFFELWÜRFELN, ROTEN ZWIEBELN UND SCHAFSKÄSE

ZUTATEN

300 g grüne Bohnen	**Essigwasser**
2 rote Zwiebeln	750 ml Wasser
350 g festkochende Kartoffeln	6 EL Essig
160 g Schafskäse	1 TL Salz
3 TL Sojasauce	
3 EL Essig	
3 EL Olivenöl	
1/2 TL Kümmel	
2 Knoblauchzehen	
6 Wacholderbeeren	
2 Zweige Oregano	

PERSONEN
4
VOR-BEREITUNG
30 Min.
GRILLZEIT
5 Min.

ZUBEREITUNG

Die Bohnen putzen und blanchieren. Die roten Zwiebeln in Streifen schneiden und in Essigwasser kurz abkochen. Anschließend abgießen und kalt abspülen.

Kartoffeln in Scheiben schneiden und auf dem heißen Grill von beiden Seiten ca. 3–5 Minuten knusprig grillen. Vom Rost nehmen und in Würfel schneiden.

Bohnen, Zwiebeln und Kartoffeln vermengen. Schafskäse grob zerbröckeln und hinzufügen. Knoblauch, Wacholderbeeren, Kümmel und Oregano hacken und unter den Bohnensalat mischen. Alles mit Sojasauce würzen und mit Olivenöl und 3 TL Essig marinieren.

Den Salat vor dem Servieren 20 Minuten ziehen lassen.

Nudelsalat

MIT FRISCHEN ERBSEN, ORANGE UND FRÜHLINGSLAUCH

PERSONEN 4-6

VORBEREITUNG 45 Min.

GRILLZEIT keine

ZUTATEN

600 g Fusilli-Nudeln

1 EL Currypulver

1 rote Paprikaschote

1 EL Salzkapern

Schale und Filets von 1 Bio-Orange

2 Knoblauchzehen

3 Stangen Frühlingslauch

150 g frische grüne Erbsen

1 kleines Bund Petersilie

5 EL Olivenöl

4 EL Apfelessig

Salz, Pfeffer

ZUBEREITUNG

Die Nudeln nach Packungsanleitung kochen. Currypulver zum Nudelwasser geben. Fertige Nudeln abgießen und mit kaltem Wasser abspülen.

Die Paprikaschote auf dem heißen Grill so lange grillen, bis sie von allen Seiten schwarz ist. Dann unter kaltem Wasser die Haut abspülen, Kerne entfernen und die Paprika in Würfel schneiden.

Orange schälen und filetieren. Schale in feine Streifen schneiden. Frühlingslauch waschen und in Ringe schneiden. Knoblauch, Petersilie und Kapern hacken.

Die Erbsen kurz blanchieren.

Alle Zutaten mit den Nudeln mischen. Zum Schluss Olivenöl und Apfelessig zugeben und mit Salz und Pfeffer würzen.

Den Salat 15 Minuten ziehen lassen und vor dem Servieren nochmals gut durchmischen.

ANANAS-REISSALAT

ZUTATEN

240 g Langkornreis

10 g Kapernäpfel

Saft und Schale von
1 Bio-Zitrone

1 Stange Frühlingslauch

6 eingelegte
Tomatenfilets

8 schwarze Oliven

2 EL brauner Zucker

200 g frische Ananas

3 EL roter Essig

4 EL Olivenöl

Salz, Pfeffer

ZUBEREITUNG

Den Reis kochen, abgießen und mit kaltem Wasser abspülen.

Braunen Zucker in einer Pfanne karamellisieren. Kapernäpfel, Oliven und Tomatenfilets grob hacken und zum Karamell in die Pfanne geben. Alles gut durchschwenken und mit dem Essig ablöschen. Alles in einer Schüssel mit dem Reis vermengen. Die Ananas in Würfel schneiden und dazugeben. Zitronenschale abreiben und ebenfalls in die Schüssel geben. Danach die Zitrone halbieren und über dem Reissalat auspressen. Olivenöl zugeben und mit Salz und Pfeffer würzen. Zum Schluss den Frühlingslauch in Ringe schneiden und mit dem Reissalat mischen.

PERSONEN
4

VORBEREITUNG
30 Min.

GRILLZEIT
keine

PANZA-NELLA

ZUBEREITUNG

Die Brotscheiben knusprig grillen. Anschließend das Brot in grobe Stücke brechen. Tomaten waschen, trocken tupfen und ebenfalls kurz angrillen, vierteln und mit dem Brot vermischen. Tomatensauce dazugeben und alles 10 Minuten zur Seite stellen.

Oliven halbieren und mit dem Olivenöl und dem Essig zum Tomaten-Brot-Salat dazugeben. Mit Salz und Pfeffer würzen. Basilikumblätter darübergeben.

Der Panzanella sollte schön saftig sein. Eventuell zum Schluss noch zusätzlich etwas Tomatensauce und Olivenöl hinzufügen.

ZUTATEN

6–8 Scheiben Graubrot (ca. 1 cm dick)

100 ml Olivenöl

12 schwarze Oliven

12 EL Tomatensauce

5–6 EL Apfelessig

6 Tomaten

Salz, Pfeffer

10 Blätter frischer Basilikum

PERSONEN
6
VOR-BEREITUNG
45 Min.
GRILLZEIT
5 Min.

Tomatensalat
MIT GEGRILLTEN ZWIEBELN UND ESTRAGON

ZUTATEN

6 Tomaten

4 Zwiebeln

5 g Fenchelsaat

Salz, Pfeffer

4 EL Apfelessig

4 EL Olivenöl

5 Zweige Estragon

1 gestrichener Esslöffel brauner Zucker

ZUBEREITUNG

Zwiebeln und Tomaten in Ringe schneiden. Die Zwiebeln kurz von beiden Seiten grillen. Die Zwiebeln, noch auf dem Rost liegend, mit braunem Zucker bestreuen und kurz karamellisieren lassen. Vom Grill nehmen und zusammen mit den Tomaten in eine Salatschüssel geben.

Alles mit Essig und Olivenöl marinieren. Mit Salz, Pfeffer und Fenchelsaat würzen. Estragon zupfen und auf dem Salat verteilen.

PERSONEN
6

VORBEREITUNG
30 Min.

GRILLZEIT
5 Min.

ARTISCHOCKENSALAT

mit Grill- tomaten

PERSONEN
6

VOR-
BEREITUNG
30 Min.

GRILLZEIT
35 Min.

ZUTATEN

Artischockensalat

4 frische große Artischocken

1 Zitrone für Zitronenwasser

8 Kirschtomaten

Schale von 1 Bio-Zitrone

2 EL Balsamico

2 EL Olivenöl

8 Blätter Basilikum

Salz, Pfeffer

Grilltomaten

3 große Tomaten

1 Zweig Thymian

1 Zweig Rosmarin

1 TL kleine Salzkapern

4 Knoblauchzehen

Pfeffer aus der Mühle

1 EL Rotweinessig

1 EL Olivenöl

etwas Öl zum Einölen

ZUBEREITUNG

Die Stiele und alle äußeren Blätter der Artischocken entfernen. Am besten mit einem Sägemesser abschneiden. Die Artischockenböden vorsichtig mit einem kleinen Messer herausarbeiten und kurz in Zitronenwasser legen, damit sie nicht braun anlaufen.

Die Artischocken trocken tupfen, einölen und ca. 15 Minuten bei ca. 160 Grad indirekt und mit geschlossenem Deckel grillen. Die gegrillten Artischocken vierteln, würzen und mit Olivenöl und Balsamico marinieren.

Kirschtomaten halbieren und zusammen mit dem Basilikum zu den Artischocken geben. Alles gut vermischen und mit etwas Zitronensaft abschmecken. Artischockensalat kalt stellen.

Tomaten waschen und halbieren. Rosmarin und Thymian zupfen und hacken. Knoblauch in kleine Scheiben schneiden. Anschließend die Kräuter und den Knoblauch mit den Kapern auf den Tomatenhälften verteilen. Tomaten pfeffern, auf den Grill setzen und 20 Minuten indirekt mit geschlossenem Deckel bei ca. 160 Grad grillen. Die fertigen Tomaten mit Olivenöl und Essig beträufeln und auf dem Artischockensalat anrichten.

Melonen-
SALAT MIT OREGANO
und Basilikum

PERSONEN
6

VOR-
BEREITUNG
20 Min.

GRILLZEIT
keine

ZUTATEN

1 Netzmelone
(ca. 1 kg)

6 getrocknete
Tomatenfilets

1 kleine grüne Peperoni

2 EL roter Essig

2 EL Erdnüsse

Salz, Pfeffer

2 Zweige Oregano

8 Basilikumblätter

ZUBEREITUNG

Die Melone achteln, die Kerne entfernen und die
Schale abschneiden. Melonenachtel in dünne Scheiben
schneiden.

Tomatenfilets und Peperoni in feine Würfel schneiden.
Mit der Melone zusammen auf eine flache Platte
geben. Erdnüsse drüberstreuen und alles mit Essig und
Olivenöl mischen. Mit Salz und Pfeffer würzen. Zum
Schluss die Kräuter vorsichtig unterheben.

Den Salat 10 Minuten ziehen lassen.

KRÄUTER-BUTTER

3x ANDERS

KRÄUTER-BUTTER

ZUTATEN

200 g weiche Butter

10 g frische Petersilie

5 g Estragon

5 g Oregano

5 g Rosmarin

10 g Basilikum

6 Blätter frische Minze

2 Zweige Rosmarin

Salz, Pfeffer

ZUBEREITUNG

Kräuter fein hacken und zusammen mit Salz und Pfeffer mit der weichen Butter verkneten. In Frischhaltefolie zu einer Rolle formen und in den Kühlschrank legen.

ESTRAGON-SENF-BUTTER

ZUTATEN

200 g weiche Butter

2 EL Senf

4 EL gehackter Estragon

Salz, Pfeffer

ZUBEREITUNG

Senf und Estragon mit der weichen Butter verkneten. Frischhaltefolie zu einer Rolle formen und in den Kühlschrank legen.

Schalottenbutter

ZUTATEN

200 g weiche Butter

4 Schalotten

2 EL brauner Zucker

2 EL roter Portwein

2 EL Madeira

200 ml Rotwein

Salz, Pfeffer

ZUBEREITUNG

Zucker karamellisieren, Schalotten und Knoblauch fein hacken und dazugeben. Mit Portwein und Madeira ablöschen. Würzen und mit Rotwein auffüllen. Schalotten so lange einköcheln, bis die Flüssigkeit fast ganz verkocht ist. Die Schalotten erkalten lassen und mit der weichen Butter vermischen. In Frischhaltefolie zu einer Rolle formen und in den Kühlschrank legen.

DIPS & Co.

Was zum Grill-Glück noch fehlt? *Dips, Saucen, Marinaden und Rubs* aus feinen Kräutern und Gewürzen. Wir bringen Sie auf den Geschmack!

Papaya-Salsa

6 PERSONEN

ZUBEREITUNG
20 Min.

ZUTATEN

2 kleine Papayas

2 Tomaten

2 EL Olivenöl

1/2 TL Kümmel

1 TL roter Pfeffer

1 kleine grüne Chilischote

Saft und Schale von
1 Bio-Limette

3 EL Reisweinessig

2 EL Sake

ZUBEREITUNG

Papayas schälen, entkernen und in kleine Würfel schneiden. Tomaten waschen und in kleine Würfel schneiden.

Die Limette abreiben, halbieren und auspressen.

Roten Pfeffer und Kümmel im Mörser zerstoßen. Chilischote fein hacken und alle Zutaten zu einer Salsa mischen.

JOGHURT-MINZ-SAUCE

4 PERSONEN

ZUBEREITUNG
20 Min.

ZUTATEN

250 g Joghurt

2 EL gehackte Minze

1 EL Honig

1 Prise Zucker

Salz, Pfeffer

1 Spritzer Apfelessig

ZUBEREITUNG

Alle Zutaten gut verrühren und 20 Minuten ziehen lassen.

Mango-Ananas-Salsa

ZUTATEN

1 Mango

1/2 Ananas

Salz, Pfeffer

1 Chilischote

1 EL gehackter Koriander

1 EL Sojasauce

1 EL Apfelessig

1 EL Olivenöl

Saft von 1 Limette

ZUBEREITUNG

Ananas und Mango schälen. Strunk der Ananas entfernen. Fruchtfleisch der Mango vorsichtig vom Kern schneiden. Dann beides in kleine Würfel schneiden.

Chilischote und Koriander hacken und mit der Mango und der Ananas vermengen. Sojasauce, Apfelessig, Olivenöl und Limettensaft hinzufügen und alles gut vermischen.

Die fertige Salsa 20 Minuten ziehen lassen.

4 PERSONEN

ZUBEREITUNG
20 Min.

BÄRLAUCH-Pesto

ZUTATEN

100 g frischer Bärlauch

1/2 TL Salz

250 ml Olivenöl

4 EL Pinienkerne

100 g Parmesan, gerieben

ZUBEREITUNG

Den Bärlauch waschen, abtropfen lassen und grob schneiden. Die Pinienkerne in einer Pfanne kurz anrösten. Dann alle Zutaten mischen und mit dem Stabmixer fein pürieren.

Kalt aufbewahren oder direkt verzehren.

4-6
PERSONEN

ZUBEREITUNG
20 Min.

Kräuter-REMOULADE

ZUTATEN

1 Eigelb

1 EL Senf, mittelscharf

Saft von 1 kleinen Limette

125 ml Pflanzenöl

Salz, Pfeffer

Zucker

2 Eier (hart gekocht)

2 EL Salzkapern

70 g Cornichons

2 EL Joghurt

1 EL Kerbel, fein gehackt

2 EL Schnittlauch, fein geschnitten

2 EL Estragon, fein gehackt

2 EL Petersilie, fein gehackt

ZUBEREITUNG

Das Pflanzenöl erst tropfenweise, dann in einem dünnen Strahl zügig mit dem Eigelb verrühren, bis beides eine cremige Bindung hat. Eigelb und Öl dürfen nicht gerinnen und müssen Zimmertemperatur haben. Dann Senf, Joghurt und Limettensaft unterrühren. Die hart gekochten Eier pellen und ihre Eiweiße und Eigelbe getrennt klein hacken. Kapern und Cornichons klein hacken und mit den gehackten hart gekochten Eiern dazugeben. Zum Schluss die Kräuter hinzufügen und alles mit Salz, Pfeffer und Zucker würzen.

4-6
PERSONEN

ZUBEREITUNG
30 Min.

LIMETTEN-MINZ-SAUCE MIT KORIANDERSAMEN

ZUTATEN

250 g Joghurt

100 g Crème fraîche

3-4 EL Honig

Saft und Schale von 2 Bio-Limetten

Salz, Pfeffer

1-2 TL geröstete Koriandersamen

ca. 3 EL fein gehackte, frische Minze

1 Spritzer Apfelessig

4
PERSONEN

ZUBEREITUNG
20 Min.

ZUBEREITUNG

Die Koriandersamen in einer Pfanne kurz anrösten. Dann im Mörser zerstoßen. Anschließend mit allen weiteren Zutaten mischen und ein paar Minuten ziehen lassen.

Guacamole

ZUTATEN

- 2 reife Avocados
- 1 rote Chilischote
- Saft und Schale von 2 Bio-Limetten
- Salz, Pfeffer
- 1 EL roter Essig
- 3 EL Olivenöl

4 PERSONEN

ZUBEREITUNG 20 Min.

ZUBEREITUNG

Avocados schälen und die Kern entfernen. Chilischote hacken. Limetten auf einer Küchenreibe fein reiben, anschließend halbieren und auspressen.

Avocados mit einer Gabel grob zerdrücken. Die anderen Zutaten hinzufügen und alles nochmals gut miteinander vermengen.

GREMOLATA

4 PERSONEN

ZUBEREITUNG 15 Min.

ZUTATEN

- Schale von 2 Bio-Zitronen
- 4 Knoblauchzehen
- 2 EL gehackte Petersilie
- 1 EL roter Essig
- 2 EL Olivenöl

ZUBEREITUNG

Zitronenschale fein abreiben. Petersillie und Knoblauch hacken. Alles gut miteinander vermischen. Zum Schluss Essig und Öl zugeben und gut miteinander vermengen.

Aprikosen-CHUTNEY

ZUTATEN

- 2 EL brauner Zucker
- 4 getrocknete Tomaten
- 1 kleine Zwiebel
- 4 EL Apfelessig
- Salz, Pfeffer
- 1 TL Fenchelsamen
- 1 Knoblauchzehe
- Saft und Schale von 1 Bio-Orange
- 1 TL Currypulver
- 100 ml Weißwein

- 200 g getrocknete Aprikosen
- 1 kleine Chilischote
- 1 TL gehackter Estragon

4 PERSONEN

ZUBEREITUNG 30 Min.

ZUBEREITUNG

Den braunen Zucker in einer Pfanne karamellisieren. Getrocknete Tomaten, Knoblauchzehe, Zwiebel und Chilischote in feine Würfel hacken. Alles zum Karamell dazugeben und durchschwenken.

Die Schale der Orange mit einem Messer dünn abschälen und in feine Streifen schneiden. Anschließend die Orange halbieren, auspressen und den Saft mit in die Pfanne geben. Mit Apfelessig und dem Weißwein ablöschen. Die getrockneten Aprikosen in kleine Würfel schneiden und zusammen mit den Fenchelsamen in die Pfanne dazugeben.

Alles köcheln lassen, bis die Flüssigkeit fast wegreduziert ist, und dann den gehackten Estragon untermengen.

BBQ-SAUCE

ZUTATEN

1 rote Paprikaschote

3 EL Apfelcider

1 EL schwarzen Pfeffer
(im Mörser zerstoßen)

9 EL Tomatenketchup
(oder Gewürzketchup,
je nach Geschmack)

3 Knoblauchzehen

1 EL brauner Zucker

Saft und Schale von
1 Bio-Limette

2 TL Cayennepfeffer

1–2 TL Tabasco

Salz, Pfeffer

2 TL Paprikapulver

1–2 TL Worcestersauce

1–2 EL Rotweinessig

ZUBEREITUNG

Die Paprika solange
grillen, bis sie von allen
Seiten schwarz ist. Dann
unter fließendem, kaltem
Wasser die Haut abspülen,
aufschneiden und die
Kerne entfernen. Limet-
tenschale fein abreiben.
Paprika und Knoblauch
fein hacken und mit den
restlichen Zutaten gut
vermengen. Die fertige
Sauce 20 Minuten ziehen
lassen.

4 PERSONEN

ZUBEREITUNG
30 Min.

Chipotle

ZUTATEN

200 g Mayonnaise

15 g kleine Senfkörner

Saft und Schale von
1 Bio-Limette

15 ml Chilisauce (oder
1 frische Chilischote,
gehackt)

2 Knoblauchzehen

1 EL frischer, gehackter
Koriander

ZUBEREITUNG

Die Schale der Limette
mit einer Küchenreibe
abreiben. Anschließend
die Limette halbieren und
auspressen. Die Knob-
lauchzehen fein hacken.
Danach die Senfkörner
und den Koriander
dazugeben und alles mit
der Mayonnaise vermi-
schen. Zum Schluss die
Limettenschale und den
Saft hinzufügen.

4 PERSONEN

ZUBEREITUNG
20 Min.

SELBST GEMACHTER GEWÜRZKETCHUP

ZUTATEN

100 g brauner Zucker

1 rote Zwiebel

1 Knoblauchzehe

1 Chilischote

Saft und Schale von
1 Bio-Zitrone

200 ml Rotweinessig

4 Tomaten

1 Salatgurke

30 g Staudensellerie

2 TL Kümmel

2 TL Fenchelsamen

1 TL schwarze Pfefferkörner

1 EL Tomatenmark

2 Lorbeerblätter

Salz, Pfeffer

4-6 PERSONEN

ZUBEREITUNG
90 Min.

ZUBEREITUNG

Braunen Zucker in einem Topf karamellisieren. Zwiebel
schälen und würfeln. Zitronenschale reiben. Knoblauch
schälen und fein hacken. Chilischote hacken. Alles zum
Karamell geben. Mit Essig ablöschen. Tomaten, Gurken
und den Staudensellerie waschen, in grobe Würfel
schneiden und ebenfalls in den Topf geben. Kümmel,
Fenchelsamen und Pfeffer mörsern und mitkochen.
Tomatenmark hinzufügen und verrühren. Ca. 2 Stunden
köcheln lassen, bis die Flüssigkeit fast vollständig
eingekocht ist. Lorbeerblätter herausnehmen. Mit dem
Stabmixer grob pürieren und mit Salz und Zitronensaft
abschmecken. Eventuell noch etwas einreduzieren. Der
Ketchup sollte eine sämige Konsistenz haben.

BBQ-SAUCE UND KETCHUP NOCH HEISS IN AUSGEKOCHTE GLÄSER MIT SCHRAUBVERSCHLUSS FÜLLEN. SO SIND SIE GEKÜHLT CA. 3 BIS 4 WOCHEN HALTBAR. NEHMEN SIE LIEBER MEHRERE KLEINERE GLÄSER. SO HABEN SIE WENIGER AN-GEBROCHENE GLÄSER UND DIE VERSCHLOSSENEN SAUCEN BLEIBEN LÄNGER HALTBAR

BIER-MARINADE

4 PERSONEN

ZUBEREITUNG 20 Min.

ZUTATEN

200 ml helles Bier
3 EL Senf
1 weiße Zwiebel
1 Knoblauchzehe
2 Chilischoten
Salz, Pfeffer
3 EL Olivenöl
2 Zweige Rosmarin
2 Zweige Thymian

ZUBEREITUNG

Zwiebel und Knoblauch schälen und grob hacken. Chilischoten halbieren. Rosmarin und Thymian grob zerhacken.

Alle Zutaten mit dem Bier vermischen und die Marinade 1 Stunde ziehen lassen.

Whiskey-Marinade

4-6 PERSONEN

ZUBEREITUNG 20 Min.

ZUTATEN

400 ml Öl
12 EL Whiskey
3 EL Senf
4 EL Mango-Chutney (aus dem Glas)

5 EL Honig
5 EL Sojasauce
1 TL gestoßener schwarzer Pfeffer
1 TL Fenchelsamen

ZUBEREITUNG

Alle Zutaten miteinander vermischen und 30 Minuten ziehen lassen.

SOJA-SHERRY-MARINADE

4-6 PERSONEN

ZUBEREITUNG 20 Min.

ZUTATEN

6 EL Ahornsirup
5 EL Senf
8 EL Sojasauce
200 ml trockener Sherry
2 Karotten
2 Zwiebeln
4 Zweige Koriander
Saft und Schalen von 2 Bio-Limetten

ZUBEREITUNG

Zwiebel und Karotten schälen und in Würfel schneiden. Koriander grob hacken. Limettenschalen fein abreiben, anschließend die Limetten halbieren und auspressen.

Alle Zutaten miteinander vermischen.

Marinade ca. 30 Minuten ziehen lassen.

Basilikum-Knoblauch-Marinade

4–6
PERSONEN

ZUBEREITUNG
20 Min.

ZUTATEN

200 ml Olivenöl

6 Knoblauchzehen

1 TL Fenchelsamen

1 TL schwarzer Pfeffer, gemörsert

1 Bio-Zitrone

2 Zweige Thymian

30 g grüne Oliven

30 g frisches Basilikum

ZUBEREITUNG

Olivenöl in eine Schüssel geben. Knoblauch, Basilikum und Oliven hacken. Thymian zupfen. Fenchel und schwarzen Pfeffer im Mörser zerstoßen. Zitronenschale fein abreiben. Alle Zutaten mit dem Olivenöl vermischen.

BBQ-MARINADE

ZUTATEN

6 EL Senf

6 EL Ketchup

3 Knoblauchzehen

1 grüne Chilischote

1 EL grüner Pfeffer

3 EL Olivenöl

1 TL Kräutersalz

6 EL BBQ-Sauce

ZUBEREITUNG

Knoblauchzehen und grüne Chili klein schneiden. Den grünen Pfeffer zerdrücken. Alle Zutaten gut vermischen.

4 PERSONEN

ZUBEREITUNG 15 Min.

ASIA-MARINADE

ZUTATEN (für 1 Hähnchen)

2 Stiele Zitronengras

1 getrocknete Chilischote

1 TL Fenchelsamen

1 TL schwarze Pfefferkörner

1/2 Limette

1 kleine Zwiebel

1 kleines Stück frischer Ingwer

6 Limettenblätter

2 EL fermentierte, schwarze Bohnen (aus dem Asia-Regal)

150 ml Apfelessig

1 TL Honig

8 EL Olivenöl

2 EL Currypulver

3 EL Weißwein

1 TL Meersalz

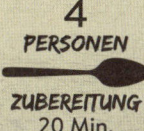

4 PERSONEN

ZUBEREITUNG 20 Min.

ZUBEREITUNG

Zitronengras und Chili putzen und fein schneiden. Mit den Fenchelsamen und dem Pfeffer im Mörser grob zerstoßen. Limette in Scheiben schneiden. Zwiebel und Ingwer schälen und fein hacken. Limettenblätter abwaschen, trocken tupfen und andrücken. Mit den restlichen Zutaten gründlich vermischen und etwa 15 Minuten ziehen lassen.

SENF-ORANGEN-MARINADE

ZUTATEN

- 2 EL Senf
- 3 Knoblauchzehen
- Saft und Schalen von 2 Bio-Orangen
- 1 TL grüner Pfeffer
- 2 Zweige Rosmarin
- 2 Zweige Thymian
- 2 rote Zwiebeln
- 1 TL Paprikapulver

- 2 Stk. Sternanis
- 3 EL Sherry
- 100 ml Weißwein

4 PERSONEN

ZUBEREITUNG 20 Min.

ZUBEREITUNG

Zwiebeln und Knoblauch klein schneiden. Rosmarin und Thymian zupfen. Orangenschalen abreiben, anschließend die Orangen halbieren und auspressen.

Alle Zutaten miteinander gut vermischen und 30 Minuten ziehen lassen.

Zitronengras-Marinade

ZUTATEN

- 3 Stangen Zitronengras
- 2 Limetten
- 2 Chilischoten
- 1 TL Szechuanpfeffer
- 8 EL Sojasauce
- 2 EL Honig

- 500 ml Reiswein (Sake)
- 1 rote Zwiebel
- 4 Zweige frischer Koriander

4-6 PERSONEN

ZUBEREITUNG 20 Min.

ZUBEREITUNG

Limetten in Scheiben schneiden und mit der Hand in einer Schüssel zerdrücken. Zwiebel schälen, würfeln. Koriander und Zitronengras grob hacken.

Szechuanpfeffer im Mörser zerstoßen.

Alle Zutaten mischen und 30 Minuten ziehen lassen.

KRÄUTER-MARINADE

ZUTATEN

- 3 Zweige Rosmarin
- 3 Zweige Thymian
- 12 Blätter frisches Basilikum
- 2 Zweige Oregano
- 2 Zweige Estragon
- 1 TL schwarzer Pfeffer

- 1 TL Meersalz
- 3 Nelken
- 2 Knoblauchzehen
- 300 ml Olivenöl
- 1 rote Zwiebel

4 PERSONEN

ZUBEREITUNG 25 Min.

ZUBEREITUNG

Olivenöl in eine Schüssel geben. Rosmarin, Thymian, Basilikum, Oregano und Estragon klein schneiden und dazugeben.

Zwiebel und Knoblauch schälen, hacken und ebenfalls hinzufügen.

Zum Schluss Pfeffer, Salz und Nelken hinzufügen und alles gut umrühren.

Marinade für 20 Minuten ziehen lassen.

Paprika-Marinade

ZUTATEN

10 g Meersalz

2 EL Paprikapulver (edelsüß)

Saft von 1 Orange

100 ml Weißwein

100 ml Olivenöl

2 EL Honig

3 Knoblauchzehen

2 Zweige Estragon

3 Schalotten

1 rote Paprikaschote

1 TL schwarzer Pfeffer

1 TL Wacholder

4-6 PERSONEN

ZUBEREITUNG
20 Min.

ZUBEREITUNG

Knoblauch und Schalotten schälen und klein schneiden. Orange auspressen. Paprika waschen, halbieren und die Kerne entfernen. Dann in kleine Würfel schneiden. Estragon zupfen und hacken. Pfeffer und Wacholder im Mörser zerstoßen.

Alle Zutaten vermengen und 30 Minuten ziehen lassen.

KORIANDER-LIMETTEN-MARINADE

ZUTATEN

8 g frischer Koriander

1 TL fermentierte schwarze Bohnen (im Asia-Regal)

1 TL Koriandersamen

1 TL Kreuzkümmel

1 TL schwarzer Pfeffer

1 TL Meersalz

2 Bio-Limetten

1 Chilischote

30 g frischer Ingwer

2 Stk. Sternanis

200 ml Reiswein (Sake)

3 EL Sojasauce

4 EL Austernsauce

ZUBEREITUNG

Koriander, Chili und Ingwer klein schneiden. Alle Gewürze im Mörser zerstoßen. Limettenschalen abreiben, anschließend die Limetten halbieren und auspressen.

Alle Zutaten miteinander gut vermischen und 1 Stunde ziehen lassen.

4-6 PERSONEN

ZUBEREITUNG
20 Min.

KNOBLAUCH-OLIVEN-MARINADE

ZUTATEN

30 g schwarze Oliven

30 g grüne Oliven

8 Knoblauchzehen

5 getrocknete Tomatenfilets

1 weiße Zwiebel

2 Zweige Rosmarin

2 Zweige Thymian

1 TL Salz

1 TL Pfeffer

1 TL Kümmel

1 TL Fenchelsamen

200 ml Olivenöl

4-6 PERSONEN

ZUBEREITUNG
25 Min.

ZUBEREITUNG

Oliven, Tomatenfilets, Knoblauch, die Zwiebel, Rosmarin und Thymian grob hacken. Salz, Pfeffer, Kümmel und Fenchelsamen im Mörser zerstoßen.

Alle Zutaten vermischen und 30 Minuten ziehen lassen.

Geflügel

ZUTATEN

3 EL getrockneter Estragon
3 EL getrockneter Oregano
2 EL getrockneter Thymian
2 EL Zitronenpfeffer
1 TL Knoblauchflocken
1 TL Chiliflocken
ger. Schale von 1 Bio-Zitrone

RIND

ZUTATEN

30 g brauner Zucker
20 g Kaffeepulver
2 EL schwarzer Pfeffer
2 EL Meersalz
1 TL Cayennepfeffer
2 TL Knoblauchpulver
1 EL Szechuanpfeffer

FISCH

ZUTATEN

80 g brauner Zucker
40 g Meersalz
1 EL schwarzer Pfeffer
1 EL getrockneter Oregano
1 EL Currypulver
1 TL getrockneter Dill

RUBS

Auf die Kräuter – fertig – los! Fleisch, Gemüse
oder Tofu lassen sich super mit diesen
trockenen Gewürzmischungen einreiben und
herrlich aromatisieren

Schwein

ZUTATEN

3 EL Meersalz
2 EL gestoßener schwarzer Pfeffer
2 EL gestoßener roter Pfeffer
2 TL Kreuzkümmel
1 TL Zwiebelflocken
1 EL getrockneter Estragon
1 EL zerstoßene Koriandersamen

VEGETARISCH

ZUTATEN

2 EL schwarzer Pfeffer
2 EL Meersalz
1 TL roter Pfeffer
1 EL getrockneter Dill
1 EL getrockneter Estragon
1 EL getrockneter Oregano
1 EL Knoblauchpulver
1 TL Chiliflocken
geriebene Schale von
1 Bio-Limette

REGISTER

IMPRESSUM

VERLAG & HERAUSGEBER
EDEKA Verlagsgesellschaft mbH
New-York-Ring 6, 22297 Hamburg
Geschäftsführung Rolf Lange
Gesamtleitung Nico Schiller
www.edeka.de

REDAKTION & GESTALTUNG
C3 Creative Code and Content GmbH
Redaktion Götz Poggensee
Projektmanagement Eileen Klussmann, Benjamin Schnitzer

Fotografie Sabine Büttner, Janna Tode
Zusätzliche Fotos gettyimages (23)
Illustrationen Lapin
Foodstyling & Rezepte Torsten Schmidt
Styling Maria Grossmann
Layout Christian Hruschka, Nadine Jäpel, Christina Maria Klein
Litho Torsten Jock, Florian Kraft
Druck und Verarbeitung
Mohn Media Mohndruck GmbH
Carl-Bertelsmann-Str. 161M, 33311 Gütersloh

Copyright © 2015
EDEKA Verlagsgesellschaft mbH

ISBN 978-3-00-047840-6
1. Auflage 2015